Johann Hinrich Claussen

Über den Takt in der Religion

Fundstücke – Glaubenssachen

Radius

Prof. Dr. Johann Hinrich Claussen, 1964 in Hamburg geboren, studierte Evangelische Theologie in Tübingen, Hamburg und London. Seit 2016 Kulturbeauftragter des Rates der Evangelischen Kirche in Deutschland.

ISBN 978-3-87173-521-9

Umschlag: André Baumeister
Gesamtherstellung: CPI, Clausen & Bosse, Leck
Gedruckt auf holz- und säurefreiem Werkdruckpapier
Printed in Germany

Ein Engel ohne Gesicht umarmte mich
und flüsterte durch den ganzen Körper:
»Schäm dich nicht, Mensch zu sein, sei stolz!
In dir öffnet sich Gewölbe um Gewölbe, endlos.
Du wirst nie fertig, und es ist, wie es sein soll.«
(Tomas Tranströmer)

In Erinnerung an Klaus Eulenberger (1946 bis 2018)

Vorwort

Zwanzig Minuten sind im Radio eine Ewigkeit. Seit vielen Jahren, Jahrzehnten gönnt der NDR sich und seiner Hörerschaft den Luxus, an jedem Sonntagmorgen einem Autor so ungeheuer viel Zeit zu schenken, um einen theologischen Gedanken, eine religiöse Geschichte, eine »Glaubenssache« vorzustellen: Zwanzig Minuten für die Ewigkeit. Vorher ist stets die Bach-Kantate des Sonntags zu hören. Manche frühstücken zu Kantate und »Glaubenssache« und gehen danach in den Gottesdienst. Für andere ist das Radio-Hören schon Ritual genug.

Seit zwölf Jahren darf ich bei den »Glaubenssachen« mitwirken. Das ist für mich eine kostbare Chance, ein Nachdenken über Religion zu versuchen, das sich von der akademischen Theologie und dem kirchlichen Leben zwar gelegentlich anregen lässt, jedoch nie zur dogmatischen Vorlesung oder zur gottesdienstlichen Predigt wird. Ohne den Zeitdruck und die Raumknappheit, die sonst in den Medien herrschen, kann ich Gefundenes, Erfahrenes, Gelesenes und Gedachtes bedenken, ohne dabei fixe Ergebnisse oder gar Vollständigkeit erreichen zu müssen. Ich bin frei, Überraschendes aus der Tradition hervorzuholen oder die Gegenwart zu beobachten, die aktuellen Konjunkturen oder Rezessionen des Religiösen zu bilanzieren, Ausflüge ins Politische oder Gesellschaftliche zu unternehmen, Literarisches auszubreiten – ganz besonders wichtig aber ist mir dabei, dass die existentielle Dimension religiöser Fragen zur Sprache kommt. »Frömmigkeit« und »Erbauung« sind für mich keine Schimpfwörter, wenn es nur nicht aufdringlich oder übergriffig, kitschig oder klebrig wird.

Das Radio ist für ein ebenso ernsthaftes, anregendes, unterhaltsames wie taktvolles Nachdenken über die Gretchenfrage – »Wie hast du's mit der Religion?« – das wohl beste Medium: Es kommt einem nahe, aber es bedrängt einen nicht; es konzentriert sich auf Wesentliches, man kann jedoch nebenher Tee trinken und ein Brötchen schmieren; es weckt Vorstellungen, ohne einem fertige Bilder aufzunötigen; es lässt sich Zeit, verliert sich aber nicht ins Endlose. Wie schön, dass es dafür im Qualitätsradio nicht nur eine sehr lange Tradition, sondern auch eine höchst lebendige Gegenwart gibt. Denn die neue Podcast-Kultur verschafft auch den »Glaubenssachen« eine größere Reichweite.

Dieses Buch versammelt diejenigen meiner »Glaubenssachen«, von denen ich hoffe, dass sie immer noch lesenswert sind. Sehr herzlich danke ich den Redakteuren, die meine Ideen und Manuskripte so überaus aufmerksam betreut haben: Bernward Kalbhenn, Florian Breitmeier, Claus Röck und Jan Ehlert. Ein zusätzlicher Dank geht an die Sprecherinnen und Sprecher, die meine Manuskripte eingelesen haben – das ist eine eigene Kunst. Stellvertretend sei Volker Hanisch sehr herzlich gedankt!

Gewidmet sei dieses Buch einem zu früh verstorbenen Kollegen, der ein einzigartiges Charisma für das Verfassen und Sprechen von »Glaubenssachen« besessen hat: Klaus Eulenberger.

O Gott!

Warum mehr Menschen beten, als man glaubt

Gegenwärtig wird viel von einer »Rückkehr der Religion« gesprochen. Das freut den Theologen. Aber was kehrt da eigentlich zurück und wohin? Was für eine Art Religion ist gemeint? Wie sieht sie aus und wie viel Christentum steckt in ihr? Es ist gar nicht so leicht, sich in der religiösen Diskurs-Konjunktur zurechtzufinden. Wer ergründen will, ob die Religion heute noch eine lebendige Kraft ist, die Menschen in ihrem Inneren bewegt und bestimmt, sollte sich einmal von den vielen Medien-Debatten zum Thema abwenden und auf die Religion selbst konzentrieren. Wo ist Religion? Doch wohl dort, wo sie vollzogen wird. Wo wird sie vollzogen? Doch wohl dort, wo Menschen sich an Gott wenden: im Gebet. Wie also steht es um das Gebet – den elementarsten religiösen Akt überhaupt? Der Dichter und Philosoph Novalis hat geschrieben: »Beten ist in der Religion, was Denken in der Philosophie ist. Beten ist ›Religion-machen‹. Der religiöse Sinn betet, wie das Denkorgan denkt.« Kann man also sagen, dass heute noch Menschen Religion »machen« und nicht nur über sie reden?

So naiv es klingen mag, der gegenwärtige Stand der Religion in unserer Gesellschaft entscheidet sich nicht zuletzt an der Frage des Gebets. Wie es um das Gebet gegenwärtig bestellt ist, ist allerdings schwer zu sagen. Denn auch wenn viel über die Religion diskutiert und publiziert wird, bleibt das Kernthema »Gebet« meist ausgespart. Es kann gut sein, dass deutlich mehr Menschen beten, als man glauben würde. Nur wird darüber nicht gesprochen. Denn das Gebet ist eines der letzten Tabus in unserer Gesellschaft. Früher gab es viele Tabus. Das waren Dinge, die man unter keinen Umständen tat, oder Themen, die man niemals ansprach. Aus Scheu klammerte man sie aus und tat, als gäbe es sie gar nicht. Geld und Liebe, Krankheit und Arbeitslosigkeit, persönliche Sorgen und eigene Schwächen waren in der Öffentlichkeit tabuisiert. Inzwischen sind die meisten dieser Tabus gebrochen. In den Medien, aber auch in privaten Unterhaltungen redet man ganz offen über sie, selbst über den Tod oder die Sexualität. Das Gebet aber ist – zumindest bei uns in Deutschland – ein Tabu geblieben.

Dass in Deutschland über das Gebet nicht gesprochen wird, hat auch sein Gutes. Wenn zum Beispiel in den Vereinigten Staaten Menschen offen Auskunft über ihre Gebetserfahrungen geben, ist das manchmal sehr anrührend. Manchmal aber hatte man gar nicht darum gebeten. Dann fühlt man sich bedrängt und peinlich berührt. Deshalb hat die Tabuisierung des Gebets ihren Sinn. Ein Tabu ist ein Schutzraum für das, was einem heilig ist. Ein Tabu bewahrt das Herzensgeheimnis eines Menschen vor der Zudringlichkeit anderer. Und das Beten ist etwas Geheimes und sehr Persönliches. Eine allzu große Verschämtheit birgt jedoch auch eine Gefahr in sich. Denn worüber man niemals spricht, dafür fehlen einem irgendwann die Worte. Worüber man sich nie mit anderen austauscht, das kann man selbst irgendwann nicht mehr begreifen und sich aneignen. Zugegeben, das Beten hat viel mit Schweigen zu tun. Aber worüber man nur noch schweigt, das hat man bald vergessen.

Wie schön, dass inzwischen in vielen Kirchen Bücher offen ausliegen, in die Menschen ihre Gebete hineinschreiben. In ihnen lässt sich ohne Mühe nachlesen, was Menschen zum Beten motiviert, was sie vor Gott bringen und von ihm erhoffen. Dies zu lesen, hat einen eigentümlichen Reiz. Eigentlich ist es ja ziemlich indiskret, in den Gebeten wildfremder Mitmenschen zu blättern. Aber die Lektüre befriedigt nicht nur eine unfromme Neugier. Sie rührt auch an. Meist sind es nur ganz kurze und reichlich unbeholfene Notizen. Aber sie offenbaren dem Leser ganze Lebensgeschichten voller Glück und Unglück. Wie diese Gebete aus der Hamburger City-Kirche St. Petri: »Lieber Gott mach das ich mein Opa wiedersehen kann, bitte.« Oder: »Hallo Gott, ich hoffe das mit Lena hält lange. Mein Leben ist eigentlich ganz super hier, dafür danke ich Dir auch.« Oder: »Ich bin einsam, brauch eine Frau, oh Herr, bitte, oh Herr, ich brauche Liebe.« Oder: »Herr, beschütze meine Familie und besonders meinen Mann nach seinem Herzinfarkt.« Oder schließlich: »Danke dass Du in meinem Herzen bist.«

Stoßgebete, die meisten eilig in das große Buch geschrieben, sprachlich ungelenk und voller Rechtschreibfehler. Und doch, was für ein Drängen, Sehnen, was für ein intensives Bitten und Danken. Die meisten von ihnen dürften mit einem kleinen, individuellen Ritual verbunden sein: dem Gang in die offene Kirche, dem Entzünden einer Kerze, einem Moment des Stillehaltens auf einer Kirchenbank. Es sind persönliche Gebete. Was ihnen jedoch abgeht, ist die Einbettung in ein gemeinsames Ritual, eine regelmäßige Übung, der Bezug auf eine klassische Form. Gerade solch eine klassisch-rituelle Form aber kann eine große Hilfe sein für den Einzelbeter.

Früher hat es sie noch gegeben. Meine portugiesische Schwiegermutter erinnert sich genau, wie es in den fünfziger und sechziger Jahren war, wenn abends die große Familie zusammenkam. Alle saßen um den riesigen Tisch, man aß und sprach, dann wurde abgeräumt, die Kinder wurden ins Bett gebracht. Nun zogen sich die Männer ins Wohnzimmer zurück, um zu rauchen und zu reden – worüber Männer so reden bei Wein und Zigarette. Die Frauen versammelten sich in einem anderen Raum und taten etwas völlig anderes: Bis auf eine holten alle ihr Strick- und Nähzeug hervor und machten sich an ihre Handarbeiten. Nur die eine nahm ein anderes Arbeitsgerät zur Hand. Sie griff zum Rosenkranz und leitete das folgende gemeinsame Gebet. So saßen sie da. Stundenlang. Die Frauen strickten. Stickten. Stopften. Nähten. Während die eine von ihnen – mit dem Rosenkranz in der Hand – den Überblick über das Beten bewahrte.

Wenn ein Gebet mehr sein soll als ein Stoßseufzer, wenn jemand sich wirklich ins Gebet versenken will, dann braucht er eine Hilfe, damit seine Gedanken sich nicht zerstreuen. Deshalb gibt es in fast allen Religionen Gebetsschnüre oder Gebetsketten. Sie sind wie ein Geländer für die Seele. Die berühmteste dieser Ketten ist der katholische Rosenkranz. Er heißt so, obwohl er weder ein Kranz ist, noch aus Rosen besteht. Der Name leitet sich aus der Vorstellung her, die Gebete, die man mit seiner Hilfe spricht, wären ein Kranz aus Rosen, mit dem Maria, der »Himmelsrose«, Verehrung erwiesen werde. Der Rosenkranz besteht aus einer Kette mit einem Kreuz sowie insgesamt sechs großen und 53 kleinen Perlen. Man nimmt ihn in die Hand und folgt ihm mit seinen Fingern, wobei man bei jeder Perle für ein bestimmtes Gebet Station macht. Man beginnt, indem man das Kreuz in die Hand nimmt und das Glaubensbekenntnis spricht. Dann folgt man der Spur der großen und kleinen Perlen und betet wieder und wieder das »Ehre sei dem Vater und dem Sohn und dem Heiligen Geist«, das »Vater unser« und das »Ave Maria«. Letzteres, das »Ave Maria«, ist das bekannteste Marien-Gebet:

Gegrüßet seist Du, Maria,
voll der Gnade,
der Herr ist mit Dir.
Du bist gebenedeit unter den Frauen,
und gebenedeit ist die Frucht Deines Leibes, Jesus.
Heilige Maria, Mutter Gottes,
bitte für uns Sünder,
jetzt und in der Stunde unseres Todes. Amen.

So haben sie damals gemeinsam gebetet: wieder und wieder dieselben Formeln gesprochen, sich versenkt und gewiegt im Rhythmus dieser Verse. Wie mag das geklungen haben – das monotone Beten der versammelten alten und jungen Frauen, dazu das leise Klackern ihrer Nadeln und Scheren sowie das gelegentliche Klicken der Perlen des Rosenkranzes? Welche Atmosphäre mag in ihrem Raum geherrscht haben? War sie heimelig oder heilig, langweilig oder muffig, zufrieden oder schläfrig? Wie auch immer, mit dieser Gebetskultur ist es vorbei. Eine Erinnerung aus alter Zeit. Vergangen. Verweht. Einen dieser alten Rosenkränze hat meine Frau von ihrer portugiesischen Großmutter geerbt. Schön ist er, mit blauen Kunstperlen und einem feinen Silberkreuz. Er liegt in ihrer Schmuckschatulle. Sie hält ihn in Ehren. Aber auf die Idee, ihn nach einem großen Abendessen hervorzuholen, um sich mit den anderen Frauen in einen Nebenraum zum Beten und Stricken zurückzuziehen, damit wir Männer in Ruhe rauchen und reden könnten, würde sie nie im Leben kommen.

Die alte, ritualisierte Gebetskultur ist dahin. Aber das heißt nicht, dass das Bedürfnis nach einem schönen, tröstlichen, erhebenden Gebet erloschen wäre. Es bedeutet auch nicht, dass heute gar nicht mehr gebetet würde. Es geschieht nur weniger regelgeleitet, weniger öffentlich, eher heimlich, allein in einer offenen Kirche, oder – so wird es bei den meisten sein – nachts vor dem Einschlafen, unter der Bettdecke.

Manche bedienen sich dafür noch heute kleiner Hilfsmittel. Davon erzählte mir eine Freundin. Ihr achtjähriger Sohn hatte immer Angst beim Einschlafen. Der Abschied in die Nacht fiel ihm schwer. Ob all die Menschen, die er liebte und brauchte, am nächsten Morgen noch da wären? So betete er für jeden einzelnen von ihnen: die Mutter, den Vater, die Schwester, die Großeltern, die Paten, die Freunde, die Haustiere. Jeden Einzelnen zählte er auf. Das wurde auf die Dauer zu lang und zu mühsam. Also nahm er sich ein Blatt Papier, schrieb die Namen all derer auf, die seiner Fürbitte bedurften, und zeichnete in der Mitte den Umriss seiner Hand ab. Dieses Blatt klebte er über sein Bett. Jetzt legt er vor dem Einschlafen seine Hand kurz auf den aufgezeichneten Umriss. Damit gilt das Gebet für all diese Menschen als gesprochen, im Handumdrehen sozusagen, und er kann beruhigt einschlafen.

Solche Kindergeschichten gibt es viele. Sie machen auch religiös distanzierten Erwachsenen Lust, dieses fromme Spiel mitzuspielen. Und vielleicht ist das die beste, natürlichste und heute noch angemessenste Art, gemeinsam regelmäßig zu beten, nämlich mit den eigenen Kindern. Es hat sich inzwischen ja herumgesprochen, dass Rituale nicht lästige Reste aus vormodernen Zeiten, sondern der hilfreiche Rahmen eines gelingenden Familienlebens sind. Es ist für Kinder beruhigend und für Eltern entlastend, wenn die Tage und Nächte einem verlässlichen Rhythmus aus wiederkehrenden Tätigkeiten und Gewohnheiten folgen.

Besonders wichtig sind Rituale natürlich bei den Übergängen im Tagesablauf. Schwellen machen Angst. Besonders die Schwelle zwischen Wachsein und Schlafen. Zur Ruhe der Nacht findet man am besten, wenn man stets denselben Weg geht und ihn für alle schön gestaltet. Damit eine Gewohnheit aber ein Ritual wird, muss etwas Besonderes hinzukommen: ein tieferer Sinn, ein gewichtiger Inhalt, die Ahnung einer anderen Welt. Im Gebet kann all das, was vom Tage übrigbleibt, noch einmal betrachtet und vor einen ganz anderen Horizont gestellt werden. Für das Schöne wird gedankt, über das Schwere geklagt, für alle Fehler um Vergebung gebeten und für all das, was einem besonders lieb ist oder Sorgen bereitet, eine Bitte ausgesprochen. Diese lebenswichtigen Seelenäußerungen finden in keinem anderen Ritual einen so schönen und angemessenen Ausdruck wie im Gutenachtgebet, mit dem sich Eltern und Kinder gemeinsam in Gottes Hand begeben.

Wer mit seinen Kindern solch ein Gebetsritual sucht, findet und einübt, dem kann sich ein eigener Zugang zum Glauben eröffnen. Ihm wird die Chance auf eine zweite Naivität geboten. Man ist erwachsen und bleibt es auch, beladen mit Pflichten und Sorgen, gehemmt durch Unsicherheiten und Zweifel. Zugleich aber wird man für einen Moment wieder zum Kind, befreit zur Sorglosigkeit und offen für ein großes Vertrauen. Diese Chance verpasst derjenige, der sich nicht selbst mit seinen Kindern auf den Weg zu Gott macht. Wer dies aber tut, wird schon bald nicht mehr zu sagen wissen, wer hier wen erzieht und beglückt. Und selbst wenn die Kinder groß werden und – zumeist in der Pubertät – nicht mehr gemeinsam mit ihren Eltern beten mögen, bleibt doch ein Erinnerungsschatz – für die Kinder und die Eltern –, der helfen mag, in Zukunft allein weiterzubeten.

Was für ein Schatz solch eine Kindheitserinnerung an das Beten sein kann, davon berichtet Aharon Appelfeld in seinem Buch »Geschichte eines Lebens«. In diesem kleinen, großen Buch erzählt der israelische Schriftsteller die Geschichte seines Lebens. Im Jahr 1932 wurde er geboren, er wuchs auf in Czernowitz in der Bukowina, als einziges Kind einer liebevollen Familie assimilierter Juden. Der Zweite Weltkrieg zerstörte die Welt seiner Kindheit. Seine Mutter wurde ermordet, sein Vater verschleppt, er selbst floh als Zehnjähriger aus dem Ghetto, schlug sich durch, in einer Räuberbande, bei einer Dorfhure, dann auch mutterseelenallein, überlebte die nationalsozialistische Judenverfolgung in den Wäldern der Ukraine, bis er endlich in Israel eine neue Heimat fand. Ein furchtbares Schicksal. Zu den ganz wenigen glücklichen Momenten dieses Lebens, so erzählt Aharon Appelfeld, gehörten die Besuche bei seinem Großvater. Bei ihm lernte er ein Gebetsleben kennen, das er bei seinen säkularisierten Eltern nie erlebt hatte. Als kleines Kind ging Aharon oft mit seinem Großvater, dem frommen Juden, zum Gebet in die kleine Synagoge:

Am Freitagabend wird Großvaters Gesicht weich. Großmutter bügelt ihm ein weißes Hemd, und wir gehen in die Synagoge. Der Weg in die Synagoge ist lang und voller Wunder. Großvater geht und schweigt, aber sein Schweigen macht dir keine Angst. Wir gehen und halten alle paar Minuten inne. Einen Moment glaube ich, er wolle mir etwas zeigen und dazu sagen, wie es heißt. Aber nein. Großvater schweigt weiter, und was seinem Mund entschlüpft, wird verschluckt und ist kaum verständlich. Diesmal sagt er ein paar Wörter, die ich verstehe. Gott, sagt er, sei im Himmel, und wir müssten uns nicht fürchten. Die Handbewegungen, die seine Worte begleiten, sind klarer als die Worte selbst.

Großvaters Synagoge ist klein und aus Holz gebaut. Bei Tageslicht sieht sie aus wie eine Kapelle am Weg, aber sie ist länger, hat keine Kreuzesbilder und keine Opfergaben auf den Borden. Der Eingang ist sehr nied-

rig, und Großvater beugt sich tief nach unten, geht hinein und ich folge ihm. Hier erwartet uns eine Überraschung: In zwei Sandkistchen stecken viele gelbe Kerzen und verbreiten ein nach Wachs duftendes Licht.

Das Gebet ist still, kaum zu hören. Großvater betet mit geschlossenen Augen; das Licht der Kerzen zittert auf seiner Stirn. Alle sind ins Gebet versunken. Ich nicht. Ich weiß nicht, warum, aber ich muss an die Stadt denken, an die feuchten Straßen nach dem Regen. Großvater unterbricht mein Phantasieren. Er beugt sich zu mir herunter und zeigt mir das Gebetbuch. Die Blätter sind vergilbt, die großen schwarzen Buchstaben stehen ein bisschen hervor. Alle Bewegungen hier sehen bedächtig und geheimnisvoll aus. Ich verstehe nichts. Einen Augenblick scheint mir, als erwachten die Löwen über dem Toraschrein und würden gleich losspringen. Das Gebet fließt leise dahin. Manchmal steigt eine Stimme lauter werdend auf und zieht das Flüstern mit. Dies ist das Haus Gottes. Die Menschen kommen hierher, um ihn zu spüren. Nur ich weiß nicht, wie man zu ihm spricht. Wenn ich im Gebetbuch werde lesen können, werde auch ich Wunder und Geheimnisse sehen, doch bis es soweit ist, muss ich mich vor Gott verstecken, damit er meine Unwissenheit nicht sieht.

Indessen sind die Kerzen in den Kistchen heruntergebrannt. Die Leute legen ihre Gebetsmäntel ab. Aus ihren Augen schaut ein stummes Staunen, als hätten sie etwas verstanden, was sie vorher nicht wussten. Das Hinausgehen dauert lange. Zuerst gehen die Greise, dann die anderen. Ich möchte schon im Freien sein. Da ist frische Luft, und die Leute reden miteinander und nicht mit Gott.

Wieder machen wir uns auf den Weg. Großvater summt ein Gebet, aber es klingt anders, nicht so angestrengt. Am Himmel stehen viele Sterne und gießen ihr

Licht über uns aus. Großvater sagt, zur Synagoge gehe man schnell, doch auf dem Rückweg nehme man sich Zeit. Wir gehen etwa eine Stunde, und kurz vor dem Haus kommt uns Großmutter entgegen: auch sie ist weiß gekleidet. Mutter und ich tragen unsere gewöhnlichen Sachen. Der Segen und die Mahlzeit ist ein einziges Gebet und Stille. Nur wir vier warten, dass Gott kommt.

So fühlt es sich also an, wenn Menschen wirklich beten, wenn sie selbst Religion »machen«. Sie gehen zusammen einen langen Weg. Werden still. Kehren ein in das Haus Gottes. Lassen sich von Kerzen bescheinen. Versenken sich in die alten Verse und warten. Warten gemeinsam darauf, dass Gott kommt. Die Erinnerung an solch ein Beten bietet keine Lösung für die Probleme der Religion in der Moderne. Aber sie weist einen Weg. Solch ein Beten ist ein Wunder. Und selbst wenn man zu diesem Erinnerungsglück nicht zurückkehren kann und selbst wenn das weitere Leben einem den naiven Glauben an den lieben Gott genommen hat, besitzt dieses Beten doch solch einen Zauber, dass es weiterwirkt – nicht nur bei Aharon Appelfeld und seinen Lesern. Und vielleicht gibt es einen Anstoß, es selbst wieder einmal zu versuchen – mit dem eigenen »Religion-Machen«.

12. Oktober 2008

Kommt die Religion zurück?

Aus dem Tagebuch eines Großstadtpastors

Über die »Rückkehr der Religion« habe ich in den vergangenen fünf Jahren – oder waren es zehn? – ungezählte Male gelesen und gehört. Oft habe ich mich gefragt, was da genau zurückkehrt, wo es sich bisher versteckt gehalten hat und, vor allem, wohin es eigentlich zurückkommt. Ich frage mich das immer noch. Das hat berufliche Gründe. Ich bin Pastor und muss mir einen theologischen Reim auf die gegenwärtige Lage der Religion in Deutschland machen. Ich muss mich dazu verhalten und mich selbst befragen, ob diese »Rückkehr der Religion« auch in der Kirche angekommen ist. Es wäre doch zu schade, wenn wir Kirchenleute von der Konjunktur dieses Themas so gar nicht profitierten. Aber wo erlebe ich selbst ein neues religiöses Interesse? Wo begegnet mir eine neue Neugier am Christentum? Ich bin kein Religionssoziologe und kein Modernitätstheoretiker. Ich bin Pastor in einer norddeutschen Großstadt – dazu noch Propst, das heißt anderswo Superintendent, also der Pastor der Pastoren eines Bezirks. So erlebe ich einiges, über das ich mir meine Gedanken zu machen versuche. Einiges davon möchte ich jetzt vorstellen. Ich erzähle, was mir im Laufe einer Woche so passiert, welchen religiösen und unreligiösen Phänomenen ich begegne, mit welchen frommen und unfrommen Gemütszuständen ich es zu tun habe. Ich gebe also einen kurzen Einblick in den Alltag eines Großstadtpastors – als kleine Probe aufs Exempel über die »Rückkehr der Religion«.

Für mich beginnt die Woche nach alter Kirchensitte am Sonntag. Es ist Gottesdienst. Nach vielen hohen

Festtagen mit großer Chormusik und allerlei Besonderheiten steht heute nichts Spektakuläres auf dem Programm – endlich ein ganz normaler Gottesdienst, wie angenehm. Kein Spezialangebot für ausgesuchte Zielgruppen, kein öffentliche Aufmerksamkeit erregendes Thema, kein Event in der Kirche. Das ist auch gut so, denn um die Kirche herum brummt die moderne, kommerziell ausgefeilte und medial aufgerüstete Event-Kultur. Heute ist Marathon-Sonntag. 15 000 Menschen rennen durch die Stadt, 500 000 feuern sie dabei an. Meine Kirche liegt direkt neben der Laufstrecke, ist eingekreist, eine kleine Insel im Event-Meer. Viele sind heute nicht zum Gottesdienst erschienen, mit dem Auto wären sie nicht durchgekommen. Nur eine kleine, familiäre Gemeinde ist da. Mehr Senioren als Junioren, natürlich. Aber die Alten sind ja auch nicht mehr so fromm wie früher, automatisch kommen sie nicht. So freue ich mich über jeden, der bis zu uns durchgedrungen ist. Die Menschen draußen haben ihren Spaß. Das gönne ich ihnen. Aber uns geht es auch nicht schlecht. Wir singen unsere Lieder, beten, hören biblische Worte über den guten Hirten. Ich halte darüber eine Predigt, mäßig inspiriert, aber dafür kurz. Gemeinsam genießen wir die Stille, den Klang der Orgel und das Morgenlicht, das warm in die Kirche strömt. Eigentlich müsste ich mich fragen, was es zu bedeuten hat, dass Menschenmassen in der ganzen Stadt und um meine Kirche herum enthusiastisch und ausdauernd den Marathon als säkulares Hochfest begehen und ich mit einem kleinen Haufen Getreuer Gottesdienst feiere. Eigentlich müssten mir Selbstzweifel kommen. Aber merkwürdig, ich genieße es einfach, wie es ist. Nicht, dass ich grundsätzlich gegen Sonderveranstaltungen wäre. Gelegentlich machen wir ja auch so etwas. Aber entscheidend ist doch das Normale. Ob eine Kirchengemeinde lebt, zeigt sich daran, ob sie auch ganz alltägliche Gottesdienste feiern kann. Und das ist nicht in erster, nicht einmal in zweiter Linie eine Frage der Zahlen. So sitze ich in der Kirche und genieße selbstgenügsam diesen Augenblick. Es ist Sonntag.

Der Montag bringt eine Reihe von Besprechungen. Zuerst treffe ich mich mit der Leiterin unserer Kindertagesstätte. Wir haben ein schweres Luxus-Problem, nämlich viel zu viele Anmeldungen. Nur ein Drittel der angemeldeten Kinder können wir aufnehmen. Das sorgt für schlimmen Ärger. Wir nennen den Abgewiesenen nicht-kirchliche Kitas in der Nachbarschaft. Die sind auch nicht schlecht. Aber viele Eltern wollen ihre Kinder nur in einen kirchlichen Kindergarten geben. Sie sagen, dass ihre Kinder christliche Werte kennenlernen und in die Rituale der Kirche eingeführt werden sollen. Darüber freue ich mich natürlich, wundere mich aber auch. Denn so fromm, wie ihre Kinder werden sollen, sind die Eltern doch selbst gar nicht. Eigentlich wäre es ja ihre Aufgabe, ihre Kinder christlich zu erziehen. Wir können nur auf dem aufbauen, wozu sie den Grund gelegt haben. Aber das fällt vielen jungen Müttern und Vätern schwer. Umso dringlicher erwarten sie von der Kirche, dass sie ihren Kindern einen inneren Halt, eine seelische Geborgenheit gibt. Ich bin mir nicht sicher, ob wir diese Erwartung erfüllen können. Aber immerhin, Religion ist eine Sache der Bildung – das haben viele junge Eltern inzwischen erkannt.

Anschließend setzte ich mich mit einer jungen Lehrerin vom Gymnasium in der Nachbarschaft zusammen. Das Schuljubiläum steht bevor, und wie selbstverständlich soll es einen Gottesdienst geben. Das wäre vor wenigen Jahren noch undenkbar gewesen. Doch mit der älteren Lehrergeneration ist auch ein festgefahrener Antiklerikalismus in Pension gegangen. Die jüngeren

Kollegen haben keine Berührungsängste mehr. Manchmal begegne ich da auch einer gewissen Unbedarftheit und wünsche mir die alten 68er zurück, mit denen man immer so schön streiten konnte. Aber diese Kollegin hier ist klasse. Vieles schlägt sie vor, auf das ich nicht gekommen wäre, erzählt, was die Schüler beitragen möchten und mir nie eingefallen wäre. So ein offenes, gutes Zusammenarbeiten – wie schön, denke ich, dass ich nicht in Berlin lebe. Bei uns gibt es keinen Kampf um Ethik- oder Religionsunterricht, keinen Kulturkampf zwischen Schule und Kirche.

Nachmittags führe ich dann mit einem Pastor aus meinem Bezirk das Jahresgespräch. Wir kommen auf den Konfirmandenunterricht. Ich frage ihn, ob er die Erfahrung vieler Kollegen teilen könne, dass es mit den Konfirmanden heute deutlich besser gehe als noch vor einigen Jahren. Ja, antwortet er, das könne er bestätigen. Die Konfirmanden seien interessierter, sprachfähiger, hätten mehr Lust an inhaltlicher Auseinandersetzung, wären offener für spirituelle Übungen und weniger anstrengend. Bis vor kurzem hätte er geglaubt, dass dies an ihm selbst liege, dass sein Unterricht besser geworden sei. Aber leider gäbe es einen anderen Grund: Der Konfirmandenunterricht falle ihm heute leichter, weil die schwierigen Jugendlichen wegblieben. Es kämen nur noch die pflegeleichten Gymnasiasten, die Kinder aus den bürgerlichen Straßen. Aus den sogenannten schlechten Straßen würden die Kinder einfach nicht mehr zum Konfirmandenunterricht geschickt. Die gestiegene Qualität des Konfirmationsunterrichts sei also die Folge einer Milieuverengung. Früher hätte die Gemeinde noch einen Diakon gehabt. Der besaß einen direkten, natürlichen Zugang zu Real- und Hauptschülern. Das gehe ihm, bildungsbürgerlich wie er nun einmal geprägt sei, ab. Was also solle er tun?

Dienstagmorgen, Dienstbesprechung in unserem Kirchenamt. Wir gehen die aktuellen Zahlen durch. Nach einer kürzeren Entspannung wird es wieder schwierig. Die Prognosen für die Kirchensteuern sind düster. Ängste kommen hoch. Müssen wir bald wieder Arbeitsbereiche schließen, Mitarbeiter entlassen, Kirchen aufgeben? Dabei ging es die beiden vergangenen Jahre so optimistisch bei uns zu. Heimlich erschrecke ich darüber, wie sehr unsere Stimmung auch der Kassenlage folgt. Säkularisierung hin – »Rückkehr der Religion« her – das faktische Geschäft gehorcht nicht zuletzt dem Auf und Ab der Finanzen. Kein Zweifel, wir haben weniger, werden weniger. Ob wir uns und unserer Botschaft trotzdem treu bleiben? Auch die Austrittszahlen steigen wieder leicht an. Woran liegt das? Machen sich einige für die Wirtschaftskrise winterfest? Oder treten wieder welche aus der evangelischen Kirche aus, weil sie sich über den Papst geärgert haben? Das gehört ja zu den ganz normalen Kuriositäten des kirchlichen Alltags.

Da ist es ein Glück, dass ich nachmittags ein Wiedereintrittsgespräch führen darf. Die Frau war vor Jahren ausgetreten. Sie hatte sich gefragt, was es ihr eigentlich bringe, Kirchensteuer zu zahlen, was die Kirche ihr biete. Damals hatte sie keine Antwort gefunden. Jetzt aber wolle sie wieder eintreten. Dabei sei sie immer noch nicht wirklich gläubig. Was das Glaubensbekenntnis oder das Abendmahl angehe, da blieben ihr manche Zweifel. Aber gerade jetzt sei doch eine Institution wie die Kirche unverzichtbar, die für andere Prinzipien einstehe, den Bedürftigen helfe, sich für die Rechte der Armen engagiere. Solche Worte höre ich zurzeit häufig, aber nicht alle, die so reden, ziehen auch die Konsequenz. Immerhin, diese eine Frau tut es.

Mittwochvormittag, Pastoren-Konvent. Wir haben drei Bestatter eingeladen. Wir wollen von ihren Erfahrungen hören. Einstimmig berichteten sie, dass die traditionelle Bestattungskultur vor dem Ende steht. Früher diktierte der Sozialdruck die Trauerfeier mit Kirche, Chorälen, einem ansehnlichen Sarg und ordentlichem Blumenschmuck, damit die Nachbarn nicht mäkeln können. Dieses »Das gehört sich so« gibt es nicht mehr. Was ist an dessen Stelle getreten? Die Bestatter berichteten von zwei widersprüchlichen Entwicklungen. Das sind die einen, die ihrer Trauer einen intensiven persönlichen Ausdruck verleihen. Sie gestalten die Feier mit, wählen Lieder und Texte aus, entzünden Kerzen, musizieren oder tragen den Sarg zum Grab. Damit ehren sie die Toten und tun sich selbst etwas Gutes. Sie fragen auch stärker nach der Botschaft des christlichen Glaubens als noch vor wenigen Jahren. Doch daneben gibt es eine gegenläufige Entwicklung. Immer mehr Verstorbene werden sang- und klanglos unter die Erde gebracht. Immer mehr Hinterbliebene verabschieden sich von ihren Verstorben gar nicht mehr. Die Toten werden von den Bestattern abgeholt, eingeäschert und begraben. Für sie gibt es nichts: keine Anzeige, keine Feier, keine Kerzen. Der Grund ist nicht allein der Wunsch, Geld zu sparen. Anscheinend haben diese Menschen gar kein Bedürfnis nach einem Ritual. Sie wissen überhaupt nicht mehr, was das ist, wie es geht und dass es ihnen guttun könnte. Dahinter steckt auch ein soziales Problem. Selbst die Trauerkultur belegt, wie unsere Stadt sich aufspaltet: in die einen in den bürgerlichen Stadtteilen und die anderen in den ärmeren Vierteln.

Mittwochmittags gehe ich regelmäßig mit einigen Geschäftsleuten essen. Seit der Finanzkrise haben sich unsere Gespräche verändert. Vor einem Jahr erzählten sie munter-dynamisch von ihren Erfolgen und dies in einem deutsch-englischen Kauderwelsch, das ich nur halb verstand. Inzwischen sind andere Sprüche dran. Dass die Krise auch eine Chance sei. Dass es zu sehr um's Geld gegangen sei. Dass alles viel zu hektisch war. Jetzt habe man zum Glück mehr Zeit, auch für die Familie. Das hätte einem schon früher wichtig sein sollen. Diese inneren Werte: Familie und Freundschaften, Bildung und Kultur – nicht mit Geld aufzuwiegen, nicht vom Kontostand abhängig. Auch die Kirche sei jetzt gefragt und gefordert. Schließlich lebe der Mensch nicht vom Brot allein. Ich höre zu, freue mich, wundere mich, fast schmunzle ich. Diesen pastoralen Ton kenne ich doch irgendwoher. Das sind eigentlich meine Sprüche. Aber gut, wenn sie von selbst draufkommen. Lieber spät als nie. Nur, jetzt sitzen wir noch bei »lecker Mittagessen« zusammen. Was wird bloß, wenn einem das Geld dafür fehlt oder er seinen Job verliert und aus Scham nicht mehr dabei sein mag?

Donnerstag, ein langer Tag mit viel Arbeit. Wenn ich gefragt werde, ob ich als Propst viel Verwaltung machen müsse, antworte ich immer tapfer: Nein, ich verwalte nicht, aber gemeinsam mit meinen Kollegen arbeite ich an unserer Selbstorganisation. Die Art, wie wir uns als Kirche in einer veränderten Umwelt organisieren, liegt heute allein in unserer eigenen Verantwortung. Das kostet viel Kraft. Aber ich hoffe doch, dass wir mit einer verbesserten Organisation anders in Lage sind, die »Rückkehr der Religion« auch bei uns willkommen zu heißen.

Spätabends dann zu Hause zappe ich müde durch das Fernsehprogramm. Vieles flackert an mir vorbei, bis ich auf eine Talkshow stoße. Ach, da sitzt ja ein geschätzter katholischer Kollege. Der Arme muss erregte Debattenkontrahenten besänftigen und Dinge verteidigen, die er selbst kritisch sieht. Er schlägt sich wacker. Trotzdem tut er mir leid. Ohne dass er es selbst zu verantworten hätte, weht ihm der Wind hart ins Gesicht.

Wer durch die Medienwelt segelt, hat mit brutalen Wetterumschwüngen zu kämpfen. Eben noch herrschte »Benedetto«-Begeisterung, jetzt gibt es nichts als Pius-Katastrophen und Kondom-Querelen. Fast freue ich mich, dass wir Protestanten meist im medialen Windschatten schippern.

Der Freitagvormittag ist für die Predigtvorbereitung reserviert. Um mich einzustimmen, lese ich nicht nur den Predigttext aus der Bibel, sondern einen alten Aufsatz, auf den mich ein Freund aufmerksam gemacht hat. Der großes Feuilletonist Siegfried Kracauer hat ihn 1922 unter dem Titel »Die Wartenden« in der »Frankfurter Zeitung« veröffentlicht. Der Wartende – das ist für Kracauer ein neuer Typus in der Religionsgeschichte. Viele Gebildete lassen sich ihm zuordnen. Der christlichen Herkunftsreligion sind sie entfremdet. Doch in der säkularen Moderne finden sie keine Beheimatung: »Eingeschränkt durch ein Übermaß ökonomischer Beziehungen, leben sie ungebunden und vereinsamt in einer vom Prinzip des *laissez-aller* beherrschten geistigen Welt.« Sie würden gern wieder glauben, können es aber nicht: »Die Pforte, durch die sie Einlass begehren, öffnet sich ihnen nicht.« Ihr Verhältnis zur Religion ist ein »zögerndes Geöffnetsein«.

»Zögerndes Geöffnetsein« – ich blicke auf, sofort fallen mir Menschen ein, die sich genauso zur Religion verhalten, wie Kracauer es vor fast einhundert Jahren beschrieben hat. Sie sind »religionslos-religiös«. Sie glauben nicht, geben sich mit ihrem Unglauben aber auch nicht zufrieden. Sie wissen, dass ein voller Glaube viele Voraussetzungen hat: persönliche Gewissheit, rituelle Praxis, Gemeindebindung, Bewährung im Alltagshandeln. Ihnen ist bewusst, dass sie von all dem nichts vorzuweisen haben. Aber sie sind nicht fertig mit dem Thema »Religion«. Sie warten. Und ich frage mich, wie meine Predigt sein müsste, wenn einer von ihnen sich am kommenden Sonntag in meine Kirche verirrt. Nach der Predigtarbeit arbeite ich noch meinen Schreibtisch leer. Eine Woche geht zu Ende. Ich gehe nach Hause, esse zu Abend mit der Familie, schaue ein bisschen fern, falle ins Bett. Lange lesen kann ich nicht mehr. Aber ein Gedicht geht immer. Ich blättere in einem neueren Band von Hans Magnus Enzensberger und stoße auf ein Gedicht mit dem Titel »Tagesordnung«. Darin beschreibt er, was ihm Laufe nicht einer ganzen Woche, sondern eines einzelnen Tages durch den Sinn geht:

Steuerberater anrufen, arbeiten auch.
Brüten über dem Foto einer Frau,
die sich umgebracht hat.
Nachschlagen, wann das Wort Feindbild
zum ersten Mal aufgetaucht ist.
Nach dem Donner die Blasen betrachten,
die der Wolkenbruch auf das Pflaster wirft,
und die nasse Luft trinken.
Rauchen auch, ohne Ton fernsehen.
Sich fragen, woher das sexuelle Kribbeln
mitten in einer öden Sitzung kommt.
Sieben Minuten lang an Algerien denken.
Hemmungslos wie ein Zwölfjähriger fluchen
über einen abgebrochenen Fingernagel.
Sich an einen bestimmten Abend erinnern,
vor einundzwanzig Jahren, im Juni,
ein schwarzer Pianist spielte cha cha cha,
und jemand weinte vor Zorn.
Zahnpasta kaufen nicht vergessen.
Rätseln, warum $\pi = -1$;
warum Gott die Menschen niemals
in Ruhe läßt, umgekehrt auch nicht.
Glühbirne in der Küche auswechseln.

Die leblose, feuchte, zerraufte Krähe
spitzfingrig vom Balkon holen.
Den Wolken zusehen, den Wolken.
Schlafen, auch schlafen.

Ich lächle. Wartende gibt es also auch heute noch. Menschen, die sich darüber wundern, dass Gott uns niemals in Ruhe lässt, wir ihn aber auch nicht. Sie sind zögernd geöffnet auf eine ebenso ernste und zugleich heitere Weise. Kurz frage ich mich, was mir das sagen soll als norddeutschem Großstadtpastor, aber bevor ich zu einem Ergebnis komme, bin ich schon eingeschlafen.

25. Oktober 2009

Wie man sich richtig schämt

Ein theologischer Versuch
über ein verborgenes, aber allgegenwärtiges Gefühl

Die Scham ist eines der stärksten Gefühle und zugleich eines der am besten versteckten. Sie ist allgegenwärtig und wird doch nie offen gezeigt. Sie ist ein starker innerer Motor, aber man hört sie kaum. Nur manchmal – und dann stets ungewollt – sieht man sie einem Menschen an: Der Kopf ist gerötet, die Stimme unsicher, der Blick flattert – er schämt sich. Es lohnt sich, die Scham aus dem Dunkel des Tabus hervorzuholen und öffentlich über sie nachzudenken. Denn die Scham ist ein zu großer Dauerposten im menschlichen Gefühlshaushalt, als dass man es sich leisten könnte, sie immer nur zu beschweigen. Man wird sich selbst nur dann verstehen, wenn man auch die eigene Schamhaftigkeit versteht.

Wie folgenschwer die Scham für den Einzelnen und für die Gesellschaft ist, zeigt sich am Beispiel der sozialen Not. In alten Kirchen findet man gelegentlich noch Opferstöcke mit der Aufschrift: »Für die verschämten Armen«. Man stutzt. Was für ein Ausdruck: »die verschämten Armen«! Gibt es also auch unverschämte Arme, für die in der Kirche nicht gesammelt wird? In der Tat, die gibt es und es ist nicht leicht mit ihnen. Denn sie bitten nicht gerade höflich um Hilfe. Andererseits muss man fragen, warum nur die Armen aufgefordert werden, verschämt zu sein? Haben sie kein Recht darauf, auch einmal unverschämt zu sein – so wie wir?

Es ist doch eines der Hauptübel der Armut, dass sie die Menschen in die Scham treibt. Und dies ist fast so schlimm wie der Mangel an Geld. Die Scham ist eine zweite Not, die sich über die erste Not lagert. Armut beschämt und lähmt. Die Armen schämen sich, arm zu sein. Also verstecken sie sich, bleiben sie stecken in ihrer Armut. Ein mächtiger Mechanismus der Fremd- und Selbstbeschämung bewirkt, dass sie sich zurückziehen, nicht mehr herausgehen aus ihren kleinen Wohnungen, ihren engen Stadtteilen, ihrem chancenlosen Leben, dass sie verharren in Passivität und Hoffnungslosigkeit und sich nicht mehr selbst engagieren. »Hilfe zur Selbsthilfe« – das ist ein schöner Spruch, nur scheitert er allzu oft an der Scham. Die staatliche Sozialhilfe wird so lange selbst hilflos bleiben, wie es nicht gelingt, diese Schamblockaden aufzubrechen. Deshalb muss die Hilfe eine doppelte sein. Sie muss den Armen neue Chancen eröffnen, und sie muss die Armen von ihrer Scham befreien.

Übrigens, die Scham wohnt längst nicht mehr bloß in den sogenannten schlechten Stadtteilen. Spätestens seit der Finanzkrise hat sie sich auch in den bürgerlichen Wohlstandsenklaven eingenistet. Die Noch-Besserverdienenden sorgen sich nicht allein um ihren Wohlstand, ihren Status, ihren Arbeitsplatz. Sie haben mindestens ebenso sehr Angst davor, dass öffentlich sichtbar wird, wenn sie es nicht mehr schaffen, wenn sie nicht mehr dazugehören. Sie leiden an Schamangst.

Groß also ist die Macht der Scham, tief schneidet ihr Schmerz. Aber worin besteht sie eigentlich? Was ist sie ihrem Wesen nach? Woher kommt sie? Und wie wird man sie los? Wichtige Fragen, doch wenn die Scham ein menschliches Grundgefühl ist, muss man auch fragen, welche Funktion sie hat. So bitter das Unglück ist, das sie beschert – hat sie nicht vielleicht noch etwas anderes zu bieten, so etwas wie einen guten Sinn? Es gibt einen alten Text, der eine überraschende Spur legt. Geschrieben hat ihn Jesus Sirach, ein Weisheitslehrer aus dem Israel des zweiten vorchristlichen Jahrhunderts. Es ist eine Liste über zwei Arten, sich zu schämen:

Hört, Söhne, die Lehre von der Scham, lernt, was Scham ist nach meinem Urteil. Nicht jede Scham ziemt sich, nicht jedes Schamempfinden ist empfehlenswert. Schäme dich vor Vater und Mutter der Unzucht, vor Fürst und Herrscher der Lüge, vor dem Herrn und der Herrin des Betrugs, vor Gemeinde und Volk der Sünde, vor dem Gefährten und Freund der Untreue, vor dem Ort, an dem du wohnst, der Unterschlagung. Schäme dich, Eid und Vertrag zu verletzen, den Ellbogen aufzustemmen beim Mahl, eine erbetene Gabe zu verweigern, einen Gruß nicht zu erwidern, einer Verheirateten nachzuschauen, den Blick auf eine fremde Frau zu werfen, deinen Bruder abzuweisen, die Verteilung der Opferanteile zu unterlassen, mit deiner Magd dich abzugeben und dich ihrem Bett zu nähern. Schäme dich, deinen Freund zu schmähen, und wenn du ihm etwas gegeben hast, so wirf es ihm nicht vor. Schäme dich, ein Wort, das du gehört hast, weiterzutragen und ein vertrauliches Gespräch zu verraten. Dann schämst du dich mit Recht und findest Gunst bei allen Menschen.

Aber nimm keine falsche Rücksicht, und schäme dich folgender Dinge nicht: des Gesetzes des Höchsten und seiner Satzung, des gerechten Urteils, das nicht den Schuldigen freispricht, der Abrechnung mit dem Geschäftsfreund und dem Kaufmann, der Verteilung von Erbe und Besitz, der Säuberung von Waagschalen und Waage, der Reinigung von Maß und Gewicht, des Einkaufs, ob viel oder wenig, des Handelns um den Kaufpreis mit dem Krämer, der häufigen Züchtigung der Kinder und der Schläge für einen schlechten und trägen Sklaven. Schäme dich nicht, eine schlimme Frau in Gewahrsam zu halten und dort abzuschließen, wo viele Hände sind, ein Verzeichnis aufzustellen, wenn du etwas hinterlegt hast, auch Einnahme und Ausgabe immer aufzuschreiben, einen Unverständigen und Toren zurechtzuweisen und einen haltlosen Greis, der Unzucht treibt. Dann bist du in Wahrheit vorsichtig und ein behutsamer Mann vor den Augen aller Menschen.

Was will uns diese Liste sagen? Zunächst zeigt sie ungewollt, dass die Scham zwar etwas allgemein Menschliches ist, die Gegenstände jedoch, an denen sie sich entzündet, zeitbedingt sind. Peinlichkeiten, für die sich Jesus Sirach in Grund und Boden geschämt hätte, sind uns gleichgültig. Anderes aber, das der alte Weise zu tun empfiehlt, wäre für uns furchtbar beschämend – etwa Gewalt gegen Kinder, Sklaven oder Frauen zu üben. Wie fremd diese Liste ist, zeigt sich auch daran, dass man sie nicht lesen kann, ohne an einigen Stellen zu kichern. Es ist ein befreiendes Kichern, das Distanz zum autoritären Gestus dieser Verse schafft. Und das ist heilsam, denn wenig ist so fatal wie die Verknüpfung von Autorität und Scham. Schlimm ist die Scham als Folge einer autoritären Beschämung. In der Geschichte des Christentums gibt es darüber ein langes und dunkles Kapitel. Zum Glück können wir es zuschlagen. In den hiesigen Kirchen wird das alte, kirchlich-autoritäre Bloßstellen und Beschämen kaum mehr betrieben. Das hat inzwischen das Privat-Fernsehen mit seinen Ekel-Talk-Shows und Casting-Sendungen übernommen.

Doch wenn man genauer hinschaut, stellt man fest, dass es Jesus Sirach selbst weniger darum geht, seine Leser in die Scham zu treiben, als sie anzuleiten, sich selbst zu schämen, das heißt: sich aus freiem Willen und innerer Überzeugung der Scham auszusetzen. Dafür ist es aber wichtig, dass sie zwischen richtiger und falscher Scham zu unterscheiden vermögen. Die Scham ist ein zwiespältiges Gefühl. Deshalb gilt es, hier eine Urteilskraft zu entwickeln, die Erscheinungsformen zu sortieren, die eine Scham zu überwinden, die andere aber zu pflegen. Wer dies kann, ist der Scham nicht mehr ausgeliefert. Er verhält sich zu ihr. Das aber muss man lernen. Dem dient diese Liste. Sie ist das Instrument einer regelrechten Pädagogik der Scham. Sich richtig zu schämen, ist ein Bildungsziel, das aber nicht nur den Mündigen vorgehalten wird. Es ist das Ziel eines lebenslangen Lernens. Die rechte Scham, das hat Jesus Sirach schön beschrieben, bezieht sich auf das ganze Leben. Die Sexualität spielt dabei eine große Rolle. Wie könnte es anders sein, hat die Scham es doch stets mit etwas Verborgenem zu tun, das nicht offenbar werden soll. Und hier eröffnet die Scham, die Jesus Sirach lehrt, auch einen Schutzraum für das Intime. Den haben besonders abhängig Beschäftigte nötig – wie die Magd, die vor der Zudringlichkeit ihres Herrn dadurch geschützt wird, dass dieser sich schämen soll, an ihr Bett zu treten. Denn sie wäre seiner Gier wehrlos ausgeliefert. Wohl den Mägden, die schamhafte Herren hatten. Aber wie schrecklich, dass sie darauf angewiesen waren.

Wichtig ist zudem, dass diese Liste das Sexuelle nur als Teil eines Ganzen verhandelt. Jesus Sirach bezieht die Scham auf die Dinge unterhalb und oberhalb der Gürtellinie, auf den wollüstigen Blick ebenso wie auf schlechte Tischmanieren, das verstohlene Begehren und die arrogante Grußverweigerung, die üble Nachrede und den Versuch, seinen wirtschaftlichen Vorteil dadurch zu suchen, dass er anderen zum Nachteil wird. Gerade die Beispiele aus der Wirtschaft zeigen, dass es eine Leistung ist, sich richtig zu schämen. Man sollte stolz darauf sein und sich seiner rechten Scham nicht schämen – gerade dann, wenn andere meinen, es lockerer sehen zu können, und man selbst den Anschein des Kleinkrämers erweckt. Denn man kann kein ehrbarer Kaufmann sein, wenn man es nicht genau nimmt mit Recht und Ordnung, Maß und Waage, Qualität und

Preis. Wären einige Finanzjongleure des 21. Jahrhunderts bei Jesus Sirach in die Schule gegangen, wäre der Wirtschaftswelt einiges erspart geblieben.

So altertümlich manches bei Jesus Sirach klingt, man kann von ihm lernen, wie wichtig es ist, zwischen richtiger und falscher Scham zu unterscheiden. Denn die rechte Scham ist ein erstes Aufflackern des Gewissens. In ihr regt sich eine moralische Sensibilität für Gut und Böse – noch etwas hilflos und unter Schmerzen, aber doch lebendig und bewusst. So seltsam es klingt, diese Form der Scham ist ein Akt der Freiheit. Denn richtig schämen kann man sich nur vor sich selbst.

Es ist so leicht, sich falsch zu schämen. Dies vermeidet man aber nicht dadurch, dass man sich die Scham ganz abgewöhnt. Man wundert sich ja heutzutage über einige Mitmenschen und denkt sich: »Dass die sich gar nicht schämen?« Aus der weiten Welt der Unternehmensführer und Betriebsratchefs könnte man einige aktuelle Beispiele nennen. Da hilft es zwar wenig, sich die ganze Liste des Jesus Sirach hinter die Ohren zu schreiben. Aber seine Unterscheidung der beiden Formen der Scham sowie seine Anleitung, sich richtig zu schämen, könnten sich ruhig mehr Zeitgenossen zu Herzen nehmen. Die Fähigkeit, sich richtig zu schämen, markiert den Anfang eines selbstverantwortlichen Lebens. Kleine Kinder beginnen erst langsam, die Scham zu erlernen. Wenn sie im Hochsommer im Garten spielen und der Vater stellt den Rasensprenger an, reißen sie sich die Kleider vom Leib und rennen nackt und laut durch Hitze und Wasser. Als Vater schaut man ihnen fast ein wenig neidisch zu. Diese unverschämte Lebensfreude ist einem mit den Jahren abhandengekommen. Und dann schaut man auf ihren großen Bruder, der es den Kleinen nachtun will, aber erst ins Haus läuft, Handtuch und Badehose holt. Da er sich schon schämt, muss er sich erst umständlich umziehen. Dann aber rennt er kreischend den Kleinen hinterher.

Besonders wild flammt die Scham in der Adoleszenz auf. Dies ist das eigentliche Lebensalter der Scham. Die kindliche Unbefangenheit ist verloren, die Selbstsicherheit des Erwachsenen noch nicht gewonnen. Der eigene Körper wird ein anderer. Da gibt es tausend Gelegenheiten, sich peinlich zu finden. Die Scham hat es sehr häufig mit dem eigenen Körper zu tun, aber nicht nur, sondern ebenso mit dem Gewissen. Sie ist ein ebenso körperliches wie geistiges Gefühl. Denn je reifer man wird, umso mehr hat man die Regeln eines guten Lebens verinnerlicht und umso schneller schämt man sich, wenn man sie verletzt hat. Von diesem schamhaften Erwachsenwerden handelt eine der berühmtesten Erzählungen des Alten Testaments. Auch wenn das Wort in ihr nicht vorkommt, ist sie die klassische Geschichte der Scham.

Am Anfang ist alles gut für das erste Menschenpaar. Aber ihr Leben im Paradies ist irgendwie nicht real. Es ist wie ein Traum, ein Leben aus bloßen Möglichkeiten, ein Leben ohne Krankheit und Schmerz, ohne Geburt und Tod, ohne Gut und Böse, ohne Schuld und Scham, ein Leben in träumender Unschuld. Der Mann hat zwar eine Frau – die hatte Gott ihm aus den Rippen geschnitten – aber sie leben miteinander wie Bruder und Schwester. Und was ihr göttlicher Vater ihnen befiehlt, das tun sie, gehorsam wie Lämmer. Sie fragen nicht nach dem Sinn seiner Verbote. Sie wundern sich nicht, warum sie eigentlich nicht vom Baum der Erkenntnis von Gut und Böse essen sollen. Es muss erst die Schlange kommen. Wie ein Adoleszenzschub in Tiergestalt treibt sie die beiden an, ihre unendliche, ungelebte Freiheit zu verwirklichen. So nehmen sie die Frucht der Er-

kenntnis und beißen hinein, um selbst Einsicht zu nehmen in das moralische Geheimnis, um selbst zu fragen und zu entscheiden.

Plötzlich gehen ihnen die Augen auf. Und was sehen sie? Sie sehen, dass sie nackt sind. So treten sie in ein Verhältnis zu sich selbst und zum anderen, körperlich und geistig. Das löst ein Befremden, einen Schmerz aus. Zum ersten Mal schämen sie sich. Doch nicht lang, denn sie sind erfinderisch. Sie müssen, aber sie wissen sich auch zu helfen. Vor der Scham ist das nicht nötig gewesen. Nun aber müssen sie sich als Schneider betätigen. Wobei sie zunächst nur auf vegetabile Stoffe zurückgreifen können. So machen sie sich Schurze aus Feigenblättern.

Da hören sie, wie Gott sich nähert. Er liebt es, in der Kühle des Abends durch seinen Garten zu schlendern. Plötzlich überkommt die beiden eine große Furcht vor ihm. Sie schämen sich. So können sie ihm nicht unter die Augen treten. Richtig blickdicht scheinen die Feigenblattschurze nicht geraten zu sein, sonst müssten sie sich nicht vor ihm unter den Bäumen verkriechen. Aber Gott spielt nicht lange Verstecken. Er stöbert die beiden auf. Er sieht, dass sie sich schämen, und erkennt, dass sie nun erwachsen sind. Sie sind nicht mehr seine Kinder. Was bleibt ihm anderes übrig, als ihnen die Tür zu weisen? Sie müssen von zu Hause ausziehen. Dabei fallen böse Worte, wie es meist geschieht, wenn eine Familie zerbricht. Gott schickt ihnen einen Fluch hinterher. Sie werden nie zurückkehren in das Paradies ihrer Kindheit. Aber in diesem Fluch steckt auch ein Segen, nämlich die Chance, in Zukunft selbst zwischen Gut und Böse zu wählen. Wie sonst könnten die beiden all das, was an Möglichkeiten in ihnen steckt, verwirklichen? Doch Gott jagt sie nicht einfach so vom Hof. Er hilft ihnen auch. Ihm war wohl aufgefallen, dass es mit den

Schneiderkünsten der beiden nicht zum Besten steht. Mit diesen Feigenblattschurzen würden sie in der harten Welt dort draußen nicht zurande kommen. Also legt er selbst Hand an, besorgt warme Felle und schneidert ihnen zum Abschied wetterfeste Kleidung.

Die Erzählung vom Sündenfall wird meist als eine Schreckensgeschichte verstanden, als eine Sage um Gebot, Gehorsam, Sünde, Strafe. Doch man kann sie auch anders lesen, nämlich als eine Geschichte des Erwachsenwerdens. Und in diesem Prozess des Wachsens und Reifens spielt die Scham eine entscheidende Rolle. Sie ist das Indiz, das Signal dafür, dass endlich ein eigenes und selbstbestimmtes Leben begonnen hat – mit all seinem Schmerz, aber auch mit all seinem Glück. War es also eine gute oder eine schlechte Scham, die Adam und Eva im Paradies nach dem Apfelgenuss empfunden haben? So richtig falsch kann sie nicht gewesen sein. Denn sie war notwendig, sonst hätte die Geschichte Gottes mit den Menschen nicht weitergehen können.

Viel Zeit ist seitdem vergangen. Doch die Scham ist uns geblieben. Sie hat sich fortgepflanzt und wird es weiter tun, so lange es Menschen gibt. Als falsche Scham, die man nur zu gern loswerden möchte. Und als richtige Scham, mit der man zu leben lernen muss. Sie ist eine Last, aber nicht nur. Denn sie erwächst aus einer persönlichen Stärke, nämlich der Sensibilität für den Unterschied von Gut und Böse. So ist sie ein unverzichtbares Warnsignal des Gewissens und weist das eigene Empfinden, Denken und Handeln in eine neue Richtung, führt einen zu einem besseren Leben.

In einem Psalm heißt es, die Ehrfurcht sei der Anfang aller Weisheit. Das ist ein schöner Vers. Aber vielleicht ist »Ehrfurcht« ein allzu grandioses Wort. Es wäre wohl besser, ein paar Stufen darunter zu beginnen, nicht bei dem überwältigenden Gefühl des Erhabenen, sondern bei dieser leisen Rötung, diesem heimlichen Irrewerden an sich selbst, diesem inneren, moralischen Juckreiz. Denn hier, mit der Scham, fängt das an, was irgendwann einmal in ein so großes Gefühl wie Ehrfurcht münden kann. Oder wie es Sebastian Brant, der große Moralist und Satiriker der frühen Neuzeit, in seinem »Narrenschiff« geschrieben hat: »Die echte Weisheit fängt an mit Scham.«

14. März 2010

Wie bekommt man das Kamel durchs Nadelöhr?

Überlegungen zu einer Seelsorge für Wohlhabende

Es war vor einem halben Jahr: Ganz Deutschland lag unter einer dicken Eisdecke, auch meine Nachbarschaft. Ängstlich rutschten alle voran, von Zaun zu Laternenpfahl zu Verkehrsschild. Fahrrad und Auto blieben wochenlang in der Garage. Wie ich so durch meine Straße schlidderte, fiel mir auf, dass bei meinen neuen Nachbarn etwas anders war. Die Zufahrt zur Tiefgarage, die sie unter die alte Villa gesetzt hatten, war eisfrei und nicht nur das, sie war sogar trocken. Ich wunderte mich. Noch mehr wunderte ich mich über meine Naivität, als mir ein Architekt das Rätsel löste: Diese Tiefgaragenauffahrt habe eben eine Fußbodenheizung. Dass es so etwas gibt, hatte ich mir bisher nicht vorstellen können. Der Architekt legte nach: Wahrscheinlich habe die Garage, wie bei einigen anderen hier, im Inneren zudem eine große Drehscheibe, damit die Besitzer vorwärts rein-, aber auch vorwärts wieder hinausfahren können. Das Rangieren mit diesen riesigen Geländewagen sei ja recht beschwerlich. Im Hamburger Stadtteil Harvestehude, wo ich lebe und meinen Dienst als Pastor tue, begegnet mir manches, was ich vorher nicht für möglich gehalten hätte. Ich stutze dann kurz, freue mich aber auch. Bei Menschen mit fußbodenbeheizten Garagenauffahrten müsste davon auszugehen sein, dass die wesentlichen Lebensprobleme gelöst sind. Das würde mich entlasten. Ich könnte mich dann mehr um die anderen kümmern. Doch manchmal denke ich weiter und frage mich, warum diese Nachbarn nicht der Seelsorge bedürfen sollten. Sie haben schließlich auch eine Seele. Aber was für eine Art von Seelsorge bräuchten sie?

Dies ist eine andere Frage als die Fragen nach sozialer Gerechtigkeit, Umverteilung oder Vermögenssteuer. Die sind ebenfalls wichtig, doch sie werden schon auf anderen Ebenen verhandelt. Was mich als Pastor in diesem Stadtteil interessiert, ist die Frage, wie Seelsorge für Wohlhabende aussehen müsste; eine Frage, die sich am Anfang des Christentums kaum gestellt hat. Zwar fanden auch Reiche den Weg in die junge Kirche, aber – wie der Historiker Jacob Burckhardt so schön schrieb – »wer Christ wurde, blieb kaum mehr reich«. Er musste seinen Besitz der Gemeinde und den Armen geben. Es ist nachvollziehbar, dass die Kirche dies heute nicht mehr fordert. Es wäre ja auch vergeblich. Umso mehr stellt sich die Frage, wie die Kirche mit denjenigen ihrer Glieder umgeht, die reich sind und bleiben – und diese Frage stellt sich nicht nur im Rahmen sozialpolitischer Debatten, sondern auch im ureigensten Arbeitsfeld der Kirchen: der Seelsorge. Dass sich ihr diese Frage stellt, ist ein Zeichen dafür, dass die Kirche immer noch für viele da und in unterschiedlichen Milieus präsent ist. Es gibt Gemeinden in sozialen Brennpunkten, Dörfern, Vororten, aber eben auch in den prominenten Wohlstandsenklaven. Pastoren sind besonders verpflichtet, sich den Armen, Kranken und Ausgegrenzten zuzuwenden. Ja, es ist eines der großen Privilegien des Pfarramts, dass man reichlich Gelegenheit erhält, Respekt vor unscheinbaren Biographien zu lernen. Manchmal aber bekommt man die Chance, die Erfolgreichen und Besserverdienenden kennenzulernen. Das ist als Abwechslung nicht uninteressant. Es ist aber auch wichtig. Wie sollte man sonst als Pastor für das Ganze der Kirche einstehen und als Botschafter der Armen bei den Reichen wirken?

Doch wie sorgt man für die Seele eines Wohlhabenden? Darüber habe ich im Studium nichts gelernt. In meiner Ratlosigkeit fragte ich bei säkularen Kollegen nach. Doch die Psychologen und Therapeuten in meinem Bekanntenkreis konnten mir ebenso wenig helfen. Das erstaunte mich, denn Psychoanalyse und Psychotherapie waren anfangs, also bevor die normalen Krankenkassen diese Dienste bezahlten, fast ausschließlich für Reiche da. Wenn also Psychologen und Psychotherapeuten nicht auch darüber nachdenken, wie sich ihre Arbeit je nach Kontostand der Patienten verändert, müssten sie für einen wesentlichen Aspekt ihres Betriebs blind sein.

Für die christlichen Seelsorger lässt sich zumindest entschuldigend anführen, dass Jesus von Nazareth sie dazu angehalten hat, für die Armen da zu sein. Doch so ganz stimmt das nicht. Auch Jesus hat sich an einer Seelsorge für Reiche versucht, leider ohne rechten Erfolg:

Einmal war ein junger Mann zu ihm gekommen und hatte ihn gefragt, wie er das Seelenheil gewinnen könne. Wie es sich für einen Seelsorger gehört, hatte sich Jesus ihm zugewandt und ihn gefragt, was er denn selbst meine. Ob er die Gebote des guten Lebens kenne und befolge? Das konnte der junge Mann bejahen. Da sah Jesus ihn an und gewann ihn lieb. »Eines fehlt dir. Geh hin, verkaufe alles, was du hast, und gib's den Armen, so wirst du einen Schatz im Himmel haben!« Da wurde der junge Mann traurig, denn er war sehr reich.

So endete das, was eine vertraute seelsorgerliche Beziehung zu werden versprach, mit einem abrupten Auseinandergehen. Und Jesus sprach die bekannten Worte, dass eher ein Kamel durch ein Nadelöhr gehe, als dass ein Reicher ins Reich Gottes komme. Mit einer prinzipiellen Besserverdienendenverachtung ist dieses Sprichwort jedoch nicht zu verwechseln. Es dürfte sich eher um den Seufzer eines frustrierten Seelsorgers handeln.

Wie aber könnte es besser gelingen? Um diese Frage zu beantworten, muss man zunächst erahnen, welches die spezifischen seelischen Probleme begüterter Menschen sein könnten. Viele Lebenstraurigkeiten und Verzweiflungen teilen sie mit dem Rest der Menschheit: Kindheitsunglück, Liebesleid, Krankheiten, Todesangst. Aber gibt es auch Schwierigkeiten, die ihnen eigentümlich sind? Zunächst dürfte es für einen Reichen besonders schwer sein, als der gesehen zu werden, der er eigentlich ist – mit seinen ganz eigenen Schwächen und Stärken, ohne Rücksicht auf seinen geschäftlichem Erfolg oder sein Erbe. Darin ist er einem Menschen mit einer Behinderung vergleichbar, der ebenfalls von seinen Mitmenschen schnell auf eine einzige Eigenschaft reduziert wird. Auch wenn die hervorstechende Eigenschaft des Reichen für positiv gehalten wird, erschwert sie es doch, dass er als eine vieldeutige und vielschichtige Persönlichkeit wahrgenommen wird. Auch muss er befürchten, dass andere nicht an ihm selbst interessiert sind, sondern seine Nähe nur um seines Geldes willen suchen, um ein Geschäft mit ihm abzuschließen oder um sich in seiner Prominenz zu sonnen. Wem kann er sich öffnen, mit wem über seine Ängste und Misserfolge reden, wem sich anvertrauen? Und wer würde ihn als einen unverwechselbaren Einzelnen anschauen und nicht bloß als Mitglied einer Schicht? Wer würde da nicht gern einmal ganz er selbst sein – ohne dass andere ihn nur als Besitzer von viel Geld betrachten?

Noch schwieriger ist es für einen Reichen, sich selbst nicht über Geld zu definieren. Das ist ja das Schreckliche am Geld: Wenn man meint, es zu besitzen, hat es einen fest im Griff. Der Soziologe Georg Simmel ist diesem Paradox vor einhundert Jahren in seiner »Philosophie des Geldes« auf den Grund gegangen. Nach Simmel ist das Geld eine grandiose Erfindung, aber in ihm steckt eine prinzipielle Sinnwidrigkeit. Es ist ein Zahlungsmittel und kann zu den unterschiedlichsten Zwecken eingesetzt werden. Doch es will selbst ein Zweck sein. Obwohl es bloßes Mittel ist und keinen objektiven Zweck in sich birgt, drängt es danach, als Selbstzweck zu gelten. Es ist, wie Simmel schreibt, »die Brücke zu definitiven Werten – und auf einer Brücke kann man nicht wohnen«. Der Reiche lebt also auf einer Brücke. Das ist zwar besser, als unter einer Brücke zu hausen. Doch auch wer auf einer Brücke wohnt, ist obdachlos. So führt der Reichtum in eine besondere Entfremdung. Die ungeheure Anhäufung von Mitteln verhindert, dass man einen Zweck findet, der dem Leben Sinn verleihen könnte. Je mehr man davon hat, umso mehr droht das Geld, das ganze Bewusstsein zu bestimmen. Das ist die eigentliche Armut der Reichen: die Überwucherung aller echten Lebenszwecke durch bloße Geldmittel. Man muss nun nicht in Mitleid versinken, aber darin besteht die spezifische Tragik wohlhabender Menschen, dass sie in ihren finanziellen Mitteln zu versinken drohen. Dass das Geld ihr Gott geworden sei, mag eine abgegriffene pastorale Floskel sein. Doch steckt ein wahrer Kern darin: Wer bloß viele Güter, aber kein höchstes Gut hat, der führt ein unseliges Leben.

Von hier aus beschreibt der Soziologe Georg Simmel das, was einige Reiche als so unsympathisch erscheinen lässt, als Ausdruck einer Tragik. Denn, so seine These, Reiche seien nicht arrogant, sondern blasiert. Sie seien blasiert, denn sie besitzen

ein Mittel, mit dem sie trotz seiner farblosen Immergleichheit das Mannigfaltigste und Speziellste erkaufen; weil ihnen damit die Frage, was es wert ist, mehr und mehr durch die Frage, wie viel es wert ist, verdrängt wird. Deshalb muss die feine Empfindlichkeit für die spezifischen und individuellsten Reize der Dinge sich mehr und mehr zurückbilden. Das eben ist Blasiertheit, dass man auf die Abstufungen und Eigenheiten der Objekte nicht mehr mit einer entsprechenden Nuancierung des Empfindens reagiert, sondern sie alle in einer gleichmäßigen und darum matten, keiner entschiedenen Schwingungsweite mehr zugängigen Färbung empfindet.

Ähnlich wie mit der Blasiertheit verhält es sich mit dem Dünkel. Dünkel ist vordergründig eine Form eminenter Unhöflichkeit, in Wahrheit aber bloß ein untauglicher Versuch, sich zu schützen. Und viele Reiche meinen, schutzbedürftig zu sein. Es ist nicht nur die Angst vor Räubern, Entführern und Erpressern, die sie umtreibt, sondern auch die Angst vor Neugier und Neid. Denn in den geschlossenen Dorfgemeinschaften der Wohlhabenden wird viel und schlecht übereinander geredet. Man begegnet hier einer überraschenden Lust an übler Nachrede. Das mag an dem extremen Konkurrenzdruck liegen, diesem pausenlosen Sich-Messen, aber auch an der Sorge, herauszufallen, einer dieser willkürlichen Unternehmensübernahmen und Umstrukturierungen zum Opfer zu fallen und plötzlich nicht mehr dazuzugehören.

Anders verhält es sich mit dem Schutzdünkel bei den Söhnen und Töchtern sehr reicher Leute. Diese Angehörigen der zweiten oder dritten Generation werden immerzu an den exzeptionellen Leistungen ihrer Väter und Großväter gemessen. Das einzige Lebensziel, das ihnen gestattet wird, ist es, die exzeptionelle Spitzenposition ihrer Vorfahren zu halten. Ein normales Leben in gesundem Mittelmaß ist ihnen verwehrt. Um wirklich souverän zu sein, müssten sie einen Wert besitzen, der kein Tauschwert mehr ist. Dieser absolute Wert könnte die Rechenhaftigkeit ihres Lebens begrenzen und wirklichen Sinn stiften. Er könnte es ihnen auch erlauben, unverstellt zu anderen Menschen in Beziehung zu treten und mit ihnen ein echtes Lebensziel zu teilen. Nicht wenige Wohlhabende äußern den dezidierten Wunsch, Gutes zu tun. Nicht, dass sie ein schlechtes Gewissen hätten, das sie abbüßen wollten. Sie suchen eine Gelegenheit, um etwas an und für sich Sinnvolles zu tun, um etwas von dem Guten zurückzugeben, das sie empfangen haben. Sie brauchen einen Kanal für ihre Lebensdankbarkeit, damit diese fließen und zu einem Handlungsziel führen kann. Bei einigen schließt sich daran sogar ein echtes Glaubensinteresse an.

Das höchste Gut jenseits aller Güter – was ist das anderes als Gott? Das wäre eine Seligkeit, vor seiner Ewigkeit eine Grenze zu erreichen, sich selbst vor seiner Absolutheit zu relativieren, vor Gott als Reicher arm sein zu dürfen, ohne sich dessen schämen zu müssen. Dies würde einen entlasten vom pausenlosen Erfolgsdruck, ließe einen aus der Rolle des Erfolgreichen treten und würde einen in das Glaubensgefühl der Ehrfurcht führen. Und diese Ehrfurcht schenkt einem ein ganz eigenes Glücksgefühl, nämlich das Glück der Demut, in dessen Genuss Reiche viel zu selten kommen. Reiche in ein Tun des Guten aus Dankbarkeit zu führen sowie in die Ehrfurcht und die Demut, das wären sinnvolle seelsorgerliche Ziele. Sie zu erreichen, ist schwer.

Denn die Distanz zwischen Reichen und Seelsorgern ist groß. Ich spüre das immer, wenn in mir Ärger über einige dieser Mitmenschen hochkommt. Das geschieht, wenn Eltern zu einer kleinen Taufe ein halbes Symphonieorchester ordern wollen, wenn das Brautpaar, das in der Londoner City wirkt, mir aus der Ferne einen »wedding-planner« auf den Hals schickt oder wenn bei einer

Beerdigung Detailfragen der Etikette allzu viel Gewicht erhalten. Dann errege ich mich kurz, denke mir dann aber, dass es wohl meine seelsorgerliche Aufgabe wäre, ihnen zu zeigen, dass man einen Gottesdienst auch »einfach so« feiern kann.

Was die Annäherung weiterhin erschwert, sind die hohen Ansprüche, die große Kirchensteuerzahler an ihren Pastor stellen. Man hat es hier halt mit einer selbstbewussten und leistungsorientierten Klientel zu tun. Das ist man als Pastor nicht gewohnt. Leicht geschieht es dann, dass man als Pastor die soziale oder auch intellektuelle Unterlegenheit dadurch zu kompensieren versucht, dass man sich in eine moralische Überlegenheit flüchtet. Diese mag gegeben sein oder auch nicht, auf jeden Fall verhindert dies, dass man sich nahekommt. Das aber müsste man, um Seelsorge treiben zu können.

Zu viel Nähe jedoch ist auch gefährlich. Man kann sich vom Reichtum einiger Gemeindeglieder verführen zu lassen. Pastoren sollen ja – wie man so hört – gelegentlich zur Eitelkeit neigen, so dass es ihnen wohl gefallen könnte, sich einzubilden, sie gehörten dazu und wären mit den wirklich wichtigen Leuten auf Du und Du. Einige Pastoren prahlen ja nicht nur damit, wer die vollere Kirche hat, sondern auch damit, wer die interessanteren Leute dort sitzen hat. Wer sich hier zu schnell geschmeichelt fühlt, wird bald käuflich und wird sich darauf beschränken, die privilegierte Lebensform weniger Menschen rituell zu schmücken und theologisch zu rechtfertigen. Damit aber bräche er dem Evangelium den Stachel ab. Außerdem wird er damit seiner speziellen Kundschaft nicht gerecht. Denn diese Erfahrung kann man auch machen: Wohlhabende Menschen, die in die Kirche gehen, wollen gar nicht, dass man ihnen als Pastor ständig nach dem Munde redet, sondern reagieren besonders wach, wenn man sie und ihr Leben präzise in Frage stellt. Es geht also im Umgang mit Begüterten – wie immer in der Seelsorge – darum, das rechte Maß aus Nähe und Distanz zu finden. Dann aber kann man viel erreichen und auch für die Kirche Menschen mit großem – nicht nur pekuniären – Potential gewinnen. Das ist eine einmalige Chance.

Übrigens war ich kurz nach meinem winterlichen Rutschgang vorbei an der beheizten Garagenauffahrt meines neuen Nachbarn zu einer sehr besonderen Veranstaltung eingeladen. Es war die feinste Wohltätigkeitsveranstaltung meiner Stadt – so fein, dass sie weitgehend unbekannt ist. Es gibt über sie keinen Eintrag bei Wikipedia, auch das Googeln führt hier nicht weiter. Seit über vierhundert Jahren ist diese Einrichtung ohne Publicity ausgekommen. Warum sollte sie jetzt damit anfangen? Im besten Hotel der Stadt kamen viele Herren in Smoking zusammen: Kaufleute, Reeder, Unternehmer, Notare. Es gab sehr gutes Essen und noch besseren Wein, an den sich meine biedere Pastorenzunge erst gewöhnen musste. Dann wurde Geld gesammelt, viel Geld, so viel, dass es dem einen oder anderen schon ein bisschen wehgetan haben muss. Diese Spenden kommen, wie es seit über 400 Jahren heißt, »unschuldig in Not geratenen Menschen« zu Gute. Ich schaute mir das elitäre Treiben interessiert, aber auch distanziert an. Das war nicht ganz meine Welt. Fast kam ich mir wie ein Ethnologe vor, der gerade einen bisher unbekannten Urwaldstamm entdeckt hat. Dann aber hielten zwei der Verantwortlichen Reden. Es waren wirklich gute Reden. Sie schärften die Verantwortung der Reichen für die Armen ein. Sie handelten davon, wie notwendig, wie schwierig es aber auch ist, Notleidenden zu helfen. Dass man sich von Fachleuten beraten lassen, vor allem aber den Armen selbst begegnen muss, sich ihren Schicksalen aussetzen, mit ihnen sprechen und dabei wach sein muss für die Gefahren, die in der Wohltätigkeit schlummern. Nämlich, dass man durch das Almosengeben Herrschaftsverhältnisse zementieren, die Armen beschämen und ihrer Würde berauben kann. Doch beide Reden mündeten in einen Ausdruck der Dankbarkeit darüber, dass es durchaus möglich ist, soziale Grenzen zu überschreiten und Menschen zu begegnen, die ganz anders leben als man selbst, so dass man am Ende nicht recht zu sagen weiß, wer hier eigentlich wem geholfen hat. Als ich das gehört hatte, freute ich mich und fühlte mich in dieser sehr besonderen Gesellschaft gar nicht mehr fremd.

29. August 2010

Beschämte und Verschämte

Was Armut mit den Menschen macht

Theoretisch ist die Sache mit der Moral ganz einfach. Theoretisch wissen wir zum Beispiel sehr gut, dass wir den Armen helfen sollen. Aber was heißt das praktisch? Damit meine ich noch nicht die sozialtechnologische Frage, wie Armenhilfe heutzutage effektiv zu gestalten sei. Die praktische Schwierigkeit mit der Moral beginnt schon mit der Frage, ab wann sie für mich nicht theoretisch bleibt, sondern existentiell wird. Wo lasse ich mich von der Not eines anderen wirklich berühren? Wo begegne ich einem Armen so, dass es uns beide verändert? Wer überredet mich so zur Nächstenliebe, dass es mich ins Herz trifft?

Ein alter Prophet, Deuterojesaja genannt, konnte das noch. Er predigte – nein, er sang herzergreifend darüber, dass wir den Armen helfen sollen:

Brich dem Hungrigen dein Brot,
und die im Elend ohne Obdach sind, führe ins Haus!
Wenn du einen nackt siehst, so kleide ihn,
und entzieh dich nicht deinem Fleisch und Blut!
Dann wird dein Licht hervorbrechen
wie die Morgenröte,
und deine Heilung wird schnell voranschreiten.
Wenn du in deiner Mitte niemanden unterjochst
und nicht mit Fingern zeigst und nicht übel redest,
sondern den Hungrigen dein Herz finden lässt
und den Elenden sättigst,
dann wird dein Licht in der Finsternis aufgehen,
und dein Dunkel wird sein wie der Mittag.

Diese Verse rühren an und rütteln auf. Das also wäre meine Aufgabe: als Christ, als Bürger. Aber wie werde ich ihr gerecht? Es genügt doch nicht, Brot zu brechen und Notunterkünfte bereitzustellen. Man müsste der Armut irgendwie an die Wurzeln gehen. Doch wo und wie verlaufen diese tatsächlich im dunklen Erdreich unserer Gesellschaft?

Hier muss ich gestehen, dass ich alles andere als ein sozialwissenschaftlicher Experte bin, der für die hochkomplexen Probleme des modernen Sozialwesens patente Lösungen wüsste. Zum Glück habe ich viele Kollegen in Sozialethik und Diakonie, von deren Expertise ich lernen kann. Doch möchte ich als Pastor nicht darauf verzichten, einen eigenen Zugang zu gewinnen. Aber da muss ich wiederum gestehen, wie weit ich von diesem Thema entfernt bin. Ich selbst bin ja nicht arm, sondern Kirchenbeamter mit regelmäßigem Einkommen und großräumigem Pastorat. Zudem arbeite ich in einem Stadtteil, der wohlhabend ist. Nun aber bin ich auf eine Spur gestoßen, die mir hilft, einen eigenen, einen pastoralen Zugang zu gewinnen. Ich meine den Zusammenhang von Armut und Scham.

Auf diese Spur hat mich eine Studie des Sozialwissenschaftlichen Instituts der Evangelischen Kirche in Deutschland gebracht. Sie trägt den Titel: »Nähe, die beschämt«. In fünf niedersächsischen Kreisgebieten, nämlich in Nienburg, Cuxhaven, Lüchow-Dannenberg, Uelzen und Aurich, hat sie untersucht, was Armut auf dem Land bedeutet, inwiefern sie sich von der Not in den Städten unterscheidet oder dieser gleicht. Wichtigstes Instrument der Untersuchungen waren Interviews mit Betroffenen. Eigentlich würde man denken, dass Armut auf dem Land nicht ganz so schlimm ist. Es ist doch nicht so anonym wie in der Stadt. Da gibt es doch noch Familie, Nachbarschaft, Dorfgemeinschaft. Da hilft einer dem anderen. Außerdem gibt es da Glücksquellen, die man auch ohne Geld genießen kann: freies Land, schöne Natur, gute Luft. Und wenn man als Städter über die Dörfer fährt, sieht man dort keine sozialen Brennpunkte, keine Obdachlosen, keine Bettler. Fragt man bei Alteingesessenen nach, ob es bei ihnen Arme gäbe, können sie niemanden nennen. Doch was so harmonisch klingt, hat eine dunkle Kehrseite. Auf ihr zeigt sich der besondere Charakter der Armut auf dem Land. Und der hat viel mit Scham zu tun.

Armut und Scham sind wie eine erste und eine zweite Not, die sich so miteinander verbinden, dass man sie irgendwann nicht mehr voneinander lösen kann. Was Armut ist, lässt sich gar nicht so leicht bestimmen. Sie nur quantitativ-materiell zu definieren, führt nicht sehr weit. Denn dann übersieht man, dass Armut immer auch ein innerer Zustand, eine seelische Not ist – und dies, weil sie so eng mit Scham verbunden ist. Wer arm ist, schämt sich selbst und wird von anderen beschämt, weil er arm ist. Und diese Beschämung treibt ihn noch tiefer in die Armut, so dass er irgendwann nicht mehr hinausfindet. Dieser Zusammenhang von Armut und Scham ist besonders auf dem Land ein Problem, weil man dort einander im Blick hat. Denn Scham hat viel mit der Art zu tun, wie man angesehen wird. Sie ist ein soziales Gefühl, das im Wechselspiel, im Wechselblick mit anderen entsteht. Und das fatale Wechselspiel beschämender und beschämter Blicke stellt sich in ländlicher Nähe schneller ein als in der Anonymität der Großstadt.

Die Studie zeigt, wie sehr Arme sich auf dem Land ausgegrenzt fühlen. Ben, 29 Jahre alt und arbeitslos, gibt zu Protokoll: »Normale Leute, die nicht Hartz IV beziehen, die halten Abstand zu uns. Wenn die erfahren, man bezieht Hartz IV, dann ist man bei denen schon unten durch. Ich persönlich hab selten Kontakt mit solchen normalen Leuten. Weil man von vornherein schon abgestempelt ist. Das finde ich traurig, weil da dieses Gefühl aufkommt: ›Du bist ja nichts mehr wert.‹« Renate, 42 Jahre alt, verheiratet und Mutter eines Kindes, fügt hinzu: »Wenn ich irgendwo war, kam schnell das Gefühl: Ich pass da nicht rein. Ich hab die Kleider nicht an, ich pass da nicht rein! Und das kommt – ich weiß nicht, wie das kommt.«

Das Gefühl, wie ein Aussätziger angesehen zu werden, lässt sich nicht immer fassen. Es liegt irgendwie in der Luft, in den flüchtigen Blicken der anderen. Der beschämende Blick ist übrigens nicht nur etwas, das sich zwischenmenschlich, also von Nachbar zu Nachbar ereignet. Er hat auch eine institutionelle Seite. Denn die öffentliche Armutsverwaltung wirkt, trotz all ihrer Leistungen, immer auch wie eine Beschämungsbürokratie. So jedenfalls erleben es viele, die wieder und wieder ihre Canossa-Gänge zur ARGE und anderen Verwaltungsstellen antreten müssen. Nicht, dass sie einzelnen Mitarbeitern eine persönliche Schuld nachweisen wollten. Es ist eher so, dass sie sich hier einer strukturellen Herabwürdigung und Demütigung ausgesetzt sehen.

Grundsätzlich hat die Scham zwei Funktionen. Zum einen beschreibt sie einen seelischen Schutzraum. Schamhaftigkeit schützt die eigene Integrität und signalisiert anderen, dass sie diese nicht verletzen dürfen. Zum anderen hat sie eine reglementierende Funktion. Sie zwingt dazu, gesellschaftliche Vorstellung von Normalität zu befolgen. Wer sich nicht anpassen will oder es nicht kann, weil er nicht die materiellen Mittel dafür hat, wird durch Blickbeschämung ausgeschlossen. »Beschämungen sind«, wie der Soziologe Sighard Neckel schreibt, »soziale Schließungen« – und zwar sehr effektive. Denn sie haben zur Folge, dass die Beschämten aus dem Blickfeld der anderen verschwinden wollen und sich zurückziehen. Arme, besonders auf dem Land, wollen nicht als Arme erkannt werden. Sie gehen deshalb nicht zu Hilfseinrichtungen wie einer Tafel, Kleiderkammer oder Beratungsstelle, weil die Nachbarn sie sehen könnten. Sie wollen nicht auffallen und fallen genau deshalb aus der dörflichen Gemeinschaft heraus. Sie richten sich lieber in der ersten Not der Armut ein, nur um die zweite Not der Scham nicht zu vertiefen. So verstärken erste und zweite Not sich wechselseitig. Daniela beschreibt es so: »Ich habe mich immer mehr abgeschottet. Ich sehe mich: in so einer kleinen Kiste.«

Dieses Phänomen lässt sich auch in großstädtischen Brennpunkten beobachten, wie eine Vorgängerstudie zeigt, die das Sozialwissenschaftliche Institut der EKD vor zwei Jahren im Hamburger Stadtteil Wilhelmsburg erarbeitet hat. Hier kann man nachlesen, wie vor allem ältere von Armut betroffene Menschen sich aus Scham zurückziehen. Sie gehen nicht mehr vor die Tür oder aus ihrem Stadtteil heraus, als ob sie meinten, kein Recht zu haben, sich in öffentlichen Räumen aufzuhalten.

Eine Rentnerin klagt: »Man vegetiert in seinen vier Wänden. Du kannst nirgends hin. Dann siehst du was. Das kostet Eintritt. Dann kostet das Fahrgeld. Für uns ist nichts mehr.« Dieses Nicht-mehr-Rausgehen ist auch ein innerer Vorgang. In Interviews wurden Arme nach ihren Träumen gefragt. Es ist bitter, nachzulesen, welch eine Abwehr diese scheinbar so simple Frage auslöst, zum Beispiel in dieser Antwort: »Och nee. Ich weigere mich. Außerdem würde ich's mir sehr viel schwerer machen, wenn ich mir jetzt vorstellen würde, was morgen früh eventuell sein könnte. Was dann doch nicht eintritt.« Lieber hält man sich an vermeintlich feste Erfahrungssätze wie »Es gibt keine Arbeit!« oder »Frauen, die Kinder haben, bekommen keine Arbeit.« Solche Formeln ergeben in häufiger Wiederholung ein regelrechtes Mantra der Hoffnungslosigkeit. Dieses hat natürlich einen Erfahrungshintergrund. Langzeitarbeitslose erleben ja wieder und wieder und wieder, dass sie keine Chance erhalten. Das bilden sie sich nicht bloß ein. Wenn sie ihren Antrieb verlieren, ist das also keine zufällige persönliche Schwäche. Aber wenn sie dieses Mantra der Hoffnungslosigkeit zu oft sprechen, verlieren sie die Kraft, der realen Ausgrenzung etwas Eigenes entgegenzusetzen. Sie schützen sich damit zwar vor dem Gefühl, versagt zu haben, und müssen sich nun weniger schämen. Aber sie verhindern zugleich, dass in ihnen neue Perspektiven wachsen können. Psychologisch also sind Rückzug und Selbstaufgabe nachvollziehbar als Reaktionen auf die reale Ausgrenzung auf dem Arbeitsmarkt und die Beschämung durch andere, aber sie haben fatale Folgen.

Es gibt übrigens noch eine zweite Weise, auf soziale Beschämung zu reagieren. Zu ihr neigen manche jüngeren Männer. Diese scheinen das Gefühl, taxiert und von oben herab angeblickt zu werden, durch ein offensiv schamloses und manchmal sogar gewalttätiges Verhalten kompensieren zu wollen. Das gibt dem sprichwörtlichen »Was guckst du?!« einen tieferen, fatalen Sinn. Man kann diese aggressive und laute Variante des Zusammenwirkens von Armut und Scham manchmal im öffentlichen Nahverkehr erleben. Doch während die Öffentlichkeit darauf sofort mit Entsetzen reagiert, scheint sie die passive und stille Variante gar nicht wahrzunehmen. Dabei ist diese fast noch besorgniserregender.

Daraufhin befragt, was sie denn von der Kirche erwarteten, wussten die in den niedersächsischen Landkreisen Interviewten erst einmal wenig zu sagen. Von der Kirche erwarten sie zunächst nichts. Das mag daran liegen, dass für sie die Kirchengemeinde auf die andere

Seite der Gesellschaft gehört, dass sich – in ihren Augen – diejenigen in ihr versammeln, die ein Ansehen haben und sich eben nicht schämen müssen. Die Schwellen zur Kirche und zum Gemeindehaus scheinen für sie zu hoch zu sein, als dass sie allein hinüberkämen. Sie bräuchten einen Vertrauten, der sie mitnimmt.

Beim zweiten Nachdenken aber sagt eine Frau: »Kirche könnte ein bisschen mehr auf die Kinder achten. So dass vielleicht mal ein anständiges Jugendhaus hierherkommt.« Ein anderer meint: »Kirche könnte Ausflüge mit den Kindern machen. Oder mit der Schule so ein bisschen helfen.« Sie wollen also nicht, dass Kirchenleute für sie die Stimme erheben und sozialpolitische Forderungen stellen. Sie wollen auch keine Hilfe für sich selbst. Aber sie wünschen sich Hilfe für ihre Kinder: Nachhilfe, Nachmittagsbetreuung, Urlaubsfahrten, Sonntagsangebote. Dies würde sie sehr entlasten. Zudem würde diese Hilfe sie nicht beschämen – im Unterschied etwa zur Tafel. Denn dies wäre kein kirchliches Angebot, das sich nur an Notleidende, sondern an alle richtet. Es wäre ein Beitrag dazu, dass ihre Kinder tun können, was alle anderen Kinder auch gern tun – und zwar gemeinsam mit ihnen.

Das würde aber bedeuten, dass die öffentlichen Debatten über Armut sich deutlich verändern. Natürlich müssen auch Missstände in unserem Sozialwesen, etwa mangelnde Eigeninitiative von manchen Zuwendungsempfängern, ehrlich angesprochen werden. Aber die Skandalisierungen und Stigmatisierungen von breiten Unterschichten, die zum Beispiel von der neumodischen Literaturgattung des »bürgerlichen Wutbuches« betrieben werden, dürfen nicht sein. So wird man diesen Menschen nicht gerecht, sondern drückt sie nur tiefer in die Beschämung hinein. Manche, die auf der sonnigen Seite der Gesellschaft leben, scheinen selbst ein Schamproblem zu haben. Für einen halbwegs sensiblen Menschen bleibt es ja nicht aus, dass er sich gelegentlich des eigenen Wohlstands und der Ungerechtigkeit schämt, von der er selbst profitiert. Um diese Scham loszuwerden, ist es am einfachsten, sie weiterzureichen und die Armen zu beschämen.

Es würde viel helfen, wenn auch die Wohlhabenden lernten, besser mit ihrer Wohlstandsscham umzugehen. Gerade wer der sogenannten Mitte angehört, ist verpflichtet, für diejenigen, die am Rande sind, Verantwortung zu übernehmen. Und dies beginnt damit, dass man weise, besonnen und hilfreich übereinander redet. Ein Anfang wäre schon damit gemacht, wenn alle sich mehr in Urteilsenthaltung übten, also erst einmal zuhörten, nachdächten, nachempfänden, um zu verstehen, wie es den anderen »denn so geht«. Auch hier könnte man von Deuterojesaja lernen, der eben nicht nur dazu aufgerufen hatte, dem Hungrigen das Brot zu brechen, sondern eben auch nicht mit den Fingern auf ihn zu zeigen und nicht übel von ihm zu reden. Höflichkeit und Takt auch den Armen gegenüber walten zu lassen, das ist ein moralischer Appell, den man viel zu selten hört.

Von Armut betroffene Menschen werden vor allem durch die Blicke anderer beschämt, außen vor gehalten, unten gehalten. Nichts ist so flüchtig wie ein Augenblick und nichts so mächtig. Wie schön wäre es, wenn man diese Macht zum Guten wenden könnte, wenn man lernen könnte, einander nicht beschämend, sondern bestärkend anzuschauen. Dazu hat Deuterojesaja leider nichts gesagt. Aber der Apostel Petrus hat dafür ein schönes Beispiel gegeben. Im dritten Kapitel der Apostelgeschichte wird davon erzählt.

Einmal ging Petrus mit Johannes hinauf in den Tempel, um zu beten. Man hatte dort wie jeden Morgen einen

Mann herbeigetragen. Der war lahm. Täglich setzte man ihn vor eine Tür des Tempels, damit er dort um Almosen bettelte. Als er bemerkte, dass Petrus und Johannes kamen, hielt er ihnen seine rechte Hand entgegen. Petrus und Johannes aber gingen nicht einfach an ihm vorbei, sie drückte ihm auch nicht einfach eine Münze in die leere Hand. Sondern sie blieben bei ihm stehen. Und sie blickten ihn an. Dann sagte Petrus zu ihm: »Sieh uns an!« Der Bettler richtete sich auf, hob seinen Blick und schaute sie an. Nun sagte Petrus: »Silber und Gold habe ich nicht; was ich aber habe, das gebe ich dir: Im Namen Jesu Christi von Nazareth steh auf und geh umher!« Und Petrus ergriff den Lahmen bei der rechten Hand und richtete ihn ganz auf. Da wurden seine Füße und Knöchel fest, er sprang auf, konnte gehen und stehen und ging mit ihnen in den Tempel, lief und sprang umher und lobte Gott.

Dies ist nicht nur eine Heilungsgeschichte, es ist vielmehr eine Entschämungsgeschichte. Denn ihr Kern ist ein Blickwechsel. Der Verkrümmte wagt es nicht – wegen seiner Behinderung, wegen seiner lebenslangen Beschämung –, andere anzuschauen. Als hätte er kein Ansehen, als hätte er kein Anrecht darauf, mit anderen Blicke zu tauschen. Petrus und Johannes aber geben ihm gerade kein Almosen, sondern schauen ihn an und wollen auch von ihm angeschaut werden. Denn das Auge ist das Tor zum Herzen, und nur wer dem anderen in die Augen schaut, kann das Herz des anderen finden. Dies ist das eigentliche Wunder: ein Blick ohne Scham. Die Heilung kommt dann fast von allein. Dieser Blick ist nicht mit Silber und Gold aufzuwiegen.

Von einem Blick, der nicht beschämt, sondern heilt, der einem die Gewissheit gibt, dass man sein darf, dass man – egal, wie es um einen bestellt sein mag – liebenswert ist und dass man deshalb Hoffnung haben darf und Verantwortung für sein Leben übernehmen kann – davon erzählt nicht nur die Apostelgeschichte, davon geben auch Verse Zeugnis, die in jedem christlichen Gottesdienst zu hören sind. Sie sagen, dass niemand vor Gott unansehnlich ist und dass Gott niemanden durch Blicke beschämt wissen will. Denn Gott schaut jeden Einzelnen so an, dass die Scham ein Ende hat. Und das Ende der Scham – das ist Segen. So jedenfalls sagt es der aaronitische Segen, der jeden evangelischen Gottesdienst beschließt:

Der Herr segne dich und behüte dich.
Der Herr lasse leuchten sein Angesicht über dir
und sei dir gnädig.
Der Herr hebe sein Angesicht über dich
und gebe dir Frieden.

10. April 2011

Welche Kirche brauchen wir?
Über evangelische Freiheit

Zu den ewigen Ritualen des Kirchentags gehört die traurige Frage zum Schluss: Warum kann es nicht immer so sein? Warum ist die evangelische Kirche nicht ständig so fröhlich, jung, bewegt und engagiert wie auf dem Kirchentag? Da hat man – wie jetzt in Dresden – vier tolle Tage miteinander verlebt und muss nun wieder zurück in den Alltag des normalen Gemeindechristentums. Wer sollte da keinen frommen Kater bekommen? Andererseits kann man fragen, ob ein immerwährender Kirchentag wirklich so verlockend wäre. Der Wechsel von Alltag zu Fest und wieder zurück gehört doch zum Leben. Man stelle sich vor, es wäre immer Weihnachten. Was für ein Albtraum! Und wer würde es im Ernst ertragen, immerzu Teil einer von ihrem Glaubensglück euphorisierten und für die gute Sache begeisterten Menschenmenge zu sein?

Doch der bekannte Kirchentagsblues weist auf ein ernsthaftes Problem hin. Der Kirchentag ist für viele evangelische Christen das wichtigste Ereignis der Selbstvergewisserung und Neuausrichtung. Hier kommen Gleichgesinnte zusammen und dies in großer Zahl. Ohne die übliche Scham drücken sie öffentlich ihren Glauben aus und behaupten seine gesellschaftliche Bedeutung. Sie verlassen ihre frommen Kämmerlein und streiten darüber, wie ein gutes Zusammenleben möglich ist. Laut stellen sie Fragen und erheben Forderungen. Das ist ebenso nötig wie ungewöhnlich. Denn gegenwärtig leidet die evangelische Kirche in Deutschland weniger an einem Übermaß an moralreligiöser Selbstgewissheit als an einer großen Verzagtheit. Was glauben wir eigentlich noch? Und was für eine Rolle spielt das überhaupt?

Als Fest stellt der Kirchentag einen Ausnahmezustand dar. So ist er unfreiwillig eben auch ein Symbol dafür, dass es evangelischen Christen im Alltag schwerfällt, eindeutig Stellung zu beziehen. Dass die »gute, alte Tante Kirchentag« ihnen immer noch so lieb ist, dass der Besuch bei dieser doch erstaunlich jung gebliebenen Dame immer noch so belebend auf sie wirkt, ist also nicht nur Ausweis eines erfolgreichen kirchlichen Eventmanagements, sondern auch Teil der großen Frage, welche Kirche wir brauchen und wie politisch sie sein sollte.

Ob früher alles besser war? Es gibt da ein Klischee. Es ist das Klischee von der politischen Kirche. Es ist das Kirchentagsklischee: Mächtige Demonstrationen von Menschenmassen mit lila Tüchern, die das Mantra von »Friede, Gerechtigkeit und Bewahrung der Schöpfung« singen. Das hat es tatsächlich gegeben. Der Kirchentag war einmal ein Ereignis, an dem eine andere Mehrheit auf sich aufmerksam machte und die Forderungen einer besseren Globalisierung vortrug. Hier schien die evangelische Kirche eine erhebliche Mobilisierungskraft zu entfalten und ihre Fähigkeit unter Beweis zu stellen, Themen zu setzen und umzusetzen – und zwar als Ausdruck einer vitalen ethischen Frömmigkeit.

Aber es gab auch Schattenseiten. So ist dieses Klischee verbunden mit der Erinnerung an große Männer und Frauen, prophetenähnliche Gestalten, Heroinnen und Heroen des Protestprotestantismus. Bei allem Respekt für diese Personen wird hier eine autoritäre Fixierung sichtbar, die es auch bei den alten Linken gab. Sie zeigte sich ebenfalls in der damals modischen Rede vom »Wächteramt« der Kirche. Man meinte, die Kirche stünde über der Gesellschaft, so dass sie sich damit begnügen könnte, von einer höheren Warte aus eindeutige moralische Urteile abzugeben, ohne sich die Mühe zu machen, Argumente vorzutragen und Gegenargumente zu bedenken, als bräuchte sie nicht zu diskutieren, sondern nur zu proklamieren – ein letztlich undemokratisches Selbstverständnis.

Wie freiheitlich also war der alte Linksprotestantismus? Daran schließt eine zweite Frage an, nämlich: Wie ist eigentlich seine politische Wirksamkeit einzuschätzen? Was ist an dem alten Klischee Verklärung und was historische Wahrheit? Haben Pastoren und kirchliche Gruppen tatsächlich an der Spitze der Bewegungen – gegen Atomkraftwerke oder für Abrüstung – gestanden? Und was haben sie am Ende erreicht? Leider gibt es hierzu noch keine zeitgeschichtlichen Forschungen. Wahrscheinlich würden sie zu der Einsicht führen, dass die alten Linksprotestanten die politische Gesamtrichtung der Gesellschaft nicht gedreht, aber doch manches verhindert haben. Und zumindest auf einer symbolpolitischen Ebene haben sie andere Schwerpunkte setzen und ethische Alternativen vorstellen können. Dass die evangelische Kirche im Ganzen und besonders der Kirchentag früher, das heißt in den 80er Jahren, vollständig politisiert und radikalisiert gewesen wären – ein Erinnerungsklischee, das Rechte immer noch mit Schrecken, Linke aber mit Nostalgie erfüllt –, das dürfte eine Legende sein.

Wie auch immer man die Bilanz des alten Protestprotestantismus abschließt, es gibt ihn heute nicht mehr. Seine Protagonisten sind in den Ruhestand gegangen oder verstorben und haben keine Nachfolger gefunden. Diese Epoche bundesrepublikanischer Kirchengeschichte ist vorbei. Ungewollt hat der Kirchentag dies dadurch zum Ausdruck gebracht, dass er in den vergangenen Jahren eine Entwicklung von der Politisierung zur Eventisierung durchgemacht hat. Verdächtig gern und zahlreich kam plötzlich die politische Prominenz. Sie musste nicht mehr befürchten, peinlich befragt oder gar ausgebuht zu werden, sondern wurde – wie die Kollegenschaft von der Unterhaltungsprominenz – bestaunt, beklatscht und von ungezählten Fotohandys geknipst.

Zwar versucht man, die Entpolitisierung der Kirche zu kaschieren. Aber die »Einmischungen« von kirchenleitenden Personen sind selten mehr als die Reste eines öffentlichen Moralmanagements, ohne die alte Schärfe und ohne eine neue Nachdenklichkeit. Floskelhaft und auf fatale Weise flott beweisen sie eine bedenkliche Talkshowtauglichkeit. Bei diesen »Einmischungen« wird man den Verdacht nicht los, es gehe hier gar nicht um Politik, das heißt um die strategisch geplante und argumentativ fundierte Durchsetzung präziser Interessen, sondern nur darum, noch irgendwie in die Medien zu kommen. Das aber wäre kein politisches Engagement, sondern nur ein klerikaler Bluff, der sich politischer Themen bediente, weil er mit seinen religiösen Inhalten nicht mehr landen kann.

Dies ist nun wieder ein neues Klischee. Besonders verbunden ist es mit dem Namen – oder soll man sagen mit der Marke? – »Käßmann«. Reiches Anschauungsmaterial solcher scheinpolitischer »Einmischungen« geben auch die sogenannten Festbotschaften von katholischen wie evangelischen Würdenträgern: Egal ob Weihnachten, Ostern oder Pfingsten – irgendwie haben sie alle irgendetwas zu Hartz IV, Afghanistan, Libyen oder Kindergeld zu sagen – ein hohles Ritual, das durch die Behauptung, politisch zu sein, gerade den Beweis der Entpolitisierung erbringt.

Was aber ist hinter dieser Maske der Scheinpolitik? Ich denke die gegenwärtige kirchliche Lage ist durch eine eigentümliche Verunsicherung und Verzagtheit gekennzeichnet. Ein langer Prozess des Wenigerwerdens fordert seinen Tribut. Noch ist der Betrieb intakt. Die Gemeinden tun ihren Dienst, vergleichsweise wenige Kirchen wurden abgerissen, keine Landeskirche hat bisher Insolvenz angemeldet. Dennoch herrscht eine diffuse Müdigkeit. Die Pastorenschaft klagt über Erschöpfung, und die Leitenden sind von der Aufgabe absorbiert, den Abschied von der »dagobertinischen« Epoche – den 70er und 80er Jahren mit ihren extremen Steuereinnahmen – institutionell zu bewältigen. Von Aufbruch ist wenig zu spüren, auch nicht von einem beherzten Griff nach der gesellschaftlichen Meinungsführerschaft. Die Konjunktur einer Frömmigkeit der Stille gehört mit in dieses Bild. Nicht Engagement steht auf dem Programm, sondern Meditation, nicht Demonstration, sondern Versenkung: Seele statt Gesellschaft. Die Kirchenleute scheinen ihre Verunsicherung nicht mehr durch politisierende Allmachtsphantasien zu kompensieren, sondern durchleiden sie jeder für sich allein.

Diese Verunsicherung ist allerdings gar nicht neu. Sie ergibt sich aus dem Ende der alten kirchlichen Autoritätskultur. So schmerzlich dieser Verlust auch von manchen erlebt werden mag, in ihm liegt doch ein tiefer theologischer Sinn. Die Verunsicherung der Kirche ist die Kehrseite ihrer Befreiung vom alten Klerikalismus. Genau dies ist das Erbe des Protestprotestantismus, von dem alle zehren, die heute in der evangelischen, postautoritären Kirche leben und arbeiten. Die alte Pfarrherrlichkeit ist dahin, und das ist auch ein Glück für die Amtsträger selbst. Sie können heute ihr Amt nach den Möglichkeiten ihrer Person frei gestalten. Ob es ihnen bewusst ist oder auch nicht, sie sind alle 68er-Gewinnler. Denn sie genießen eine Freiheit, welche die alten Protestprotestanten erkämpft haben – und zwar unter erheblichem Einsatz, wenn man die Disziplinarverfahren von damals bedenkt. Vielleicht hängt es ja damit zusammen, dass die heutigen Kirchenleute sich ihre Freiheit nicht selbst erstritten haben, dass sie mit ihr so wenig anzufangen wissen.

Doch wenn nicht alles täuscht, wächst eine neue Sehnsucht nach politischem Engagement, eine Sehnsucht danach, dass endlich wieder deutlich wird, wofür der christliche Glaube gut ist und welche gesellschaftliche Bedeutung er hat. Viele fragen wieder: Wo bleibt der Protest? Nach Fukushima ist diese Frage sehr laut geworden. Sie hat auch den diesjährigen Kirchentag von Dresden geprägt. Wie aber beantwortet man sie?

Den Weg zu einem neuen politischen Engagement wird die Kirche nur finden, wenn es ihr gelingt, den urevangelischen Begriff der Freiheit zu bestimmen. »Kirche der Freiheit«, das sagt sich leicht. Doch es bleibt ein leeres Marketing-Label, wenn man nicht zu sagen weiß, worin diese Freiheit gründet und wie sie wirksam wird. Will die Kirche politisch aktiv werden, sollte sie zunächst zwei Versuchungen widerstehen, die beide freiheitsfeindlich und unprotestantisch sind, aber eben auch für evangelische Christen sehr verlockend. Erstens die »katholische« Versuchung, als Institution höherer Ordnung und mit quasi-staatskirchlicher Aura aufzutreten, so als sei man nicht Teil der Gesellschaft, die man kritisiert. Zweitens die »puritanische« Versuchung, als Gemeinschaft der Besserwisser und Bessertuer aufzutreten, so als stünde man selbst stets auf der richtigen Seite. Diese Versuchungen sind freiheitsfeindlich, weil sie gegen Kritik von außen immunisieren, nach innen Gesinnungsdruck produzieren und nicht zur Teilnahme am gesellschaftlichen Diskurs befähigen. Wenn aber Christenmenschen sich politisch äußern, dann sollten sie dies als freie Bürger in einer offenen Gesellschaft tun. Damit würden sie einen Grundgedanken der Reformation, nämlich die lutherische Berufsethik, aufgreifen und zugleich modernisieren. Denn der evangelische Glaube erfüllt sich nicht allein im Gottesdienst und in der persönlichen Frömmigkeit, sondern auch im gesellschaftlichen Engagement, in der politischen Arbeit – auch sie gehört zum »Beruf« eines freien Christenmenschen. Folgende sechs Aspekte könnten ihm dabei nützlich sein.

1. Wenn Christen sich politisch äußern, sollten sie sich institutionell entäußern. Sie sollten als Bürger und nicht als Amtsträger sprechen. Als solche haben sie zwar einen besonderen Hintergrund, doch der ist für ihre Debattenbeiträge nur insofern von Belang, als er sich in spezifische Argumente übersetzen lässt. Und die Macht des Arguments ist letztlich das Einzige, was zählen sollte. In diesem Sinne wäre zu fragen, ob gemeinsame Stellungnahmen der katholischen Bischofskonferenz und des Rates der evangelischen Kirche in Deutschland wirklich so sinnvoll sind oder ob sie nicht eher einen obrigkeitlichen Eindruck erwecken, den man doch gerade vermeiden sollte.

2. Wenn Christen sich politisch äußern, sollten sie am Widerspruch interessiert sein. Das Leben in einer modernen Gesellschaft ist komplex und voller Ambivalenzen. Deshalb kann man keinen Konsens voraussetzen oder dekretieren. Man muss ihn sich erarbeiten – gemeinsam mit denen, die aus guten Gründen anderer Meinung sind. Konkret heißt das für Pastoren, dass sie ihre Predigten nicht politisch funktionalisieren dürfen. Denn bei dieser Sprechgattung ist eine Gegenrede nicht vorgesehen. »Politisch« kann eine Predigt insofern sein, als sie aktuelle Ereignisse bedenkt, theologische Argumente vorstellt, das Gewissen schärft und zur eigenen Meinungsbildung anregt. Aber für eine echte politische Auseinandersetzung ist die Predigt das falsche Mittel.

Man sollte diese Auseinandersetzung anderswo führen: in den Medien, in Initiativen und auf Versammlungen wie etwa dem Kirchentag. Um es mit Max Weber zu sagen: »Es ist doch etwas allzu bequem, seinen Bekennermut da zu zeigen, wo die Anwesenden und Andersdenkenden zum Schweigen verurteilt sind.«

3. Wenn Christen sich politisch äußern, dann sollten sie selbstkritisch bleiben. Vor allem sollten sie die Grenzen des eigenen Wissens benennen. Vermeintliche Experten und Bescheidwisser gibt es schon genug. Das Eindeutigkeitsgefuchtel von Parteien, Verbänden und Werbeindustrie sollte man nicht nachmachen. Vielmehr sollte man sich um eine vertiefte Ideologiekritik bemühen. Eine wahrhaftige Ideologiekritik begnügt sich nicht damit, den anderen ein falsches Bewusstsein nachzuweisen, so sinnvoll dies auch sein mag, sondern sie versucht, immer auch das relative Recht des anderen wie die Grenzen der eigenen Position zu benennen. Nur so kann man sich bei aller Entschiedenheit einen Rest an Bescheidenheit bewahren, der Christen auch im politischen Diskurs gut ansteht.

4. Wenn Christen sich politisch äußern, dann sollten sie ihre spezifischen Stärken zur Geltung bringen. Eine davon ist, dass in der Kirche unterschiedlichste Lebens- und Arbeitserfahrungen versammelt sind. Sie alle zu bündeln und öffentlich zur Sprache zu bringen, wäre nicht der schlechteste Beitrag der Kirche zum gesellschaftlichen Diskurs, der ja allzu oft nur den Binnenlogiken von Parteipolitik oder Medienwirtschaft folgt.

5. Wenn Christen sich politisch äußern, dann sollten sie es auch richtig tun, also ernsthaft Politik betreiben. Sie sollten sich kollegial beraten, dann ausgewählte Ziele benennen, diese präzise beschreiben, mit Argumenten begründen und über eine lange Zeit verfolgen, dafür Bündnisse mit anderen Menschen guten Willens

eingehen und schließlich sich daran messen lassen, inwiefern sie selbst diesen proklamierten Zielen gerecht werden. Überhaupt sollten sich mehr Christen, mit Ausnahme der Amtsträger, in politischen Parteien engagieren.

6. Wenn Christen sich politisch äußern, dann sollten sie die Freiheit zur Veränderung verkündigen. Es ist eine ebenso religiöse wie politische Botschaft, wenn man der obrigkeitlich dekretierten Alternativlosigkeit und den von interessierter Seite behaupteten Sachzwängen widerspricht und an die individuelle wie gesellschaftliche Freiheit des Entscheidens und Handelns erinnert. An keinem Beispiel lässt sich dies deutlicher machen als an der Energiepolitik, dem wichtigsten Thema dieses Kirchentages. Dies ist übrigens nicht nur der schrecklichen Aktualität von Fukushima geschuldet, sondern gehört zum festen Themenbestand des Kirchentags, der hier mit großer Hartnäckigkeit – um das Modewort »Nachhaltigkeit« zu vermeiden – verfolgt worden ist. Dieses Beharren darauf, dass es auch ganz anders geht und es sich lohnt, an soliden langfristigen Veränderungen zu arbeiten, ist recht betrachtet etwas anderes als die illegitime Politisierung eines an sich unpolitischen Glaubens.

Zum Schluss eine kurze Frage, die im Meinungsgetümmel gern vergessen wird: Wer macht's? Ja, wer soll das alles machen? Meist begnügt man sich mit der Forderung: »Kirche müsste doch mal…« Doch wer den kirchlichen Jargon kennt, ist gewarnt. Denn »Kirche« ohne Artikel bezeichnet kein handelndes Subjekt, sondern ist nur eine forcierte Gedankenlosigkeit. Wer soll es also machen, wenn es »Kirche« gar nicht gibt? Meist schaut man dann auf die obersten Würdenträger. Aber haben die Bischöfe wirklich die Aufgabe, ein dezidiertes politisches Engagement zu zeigen? Zu ihrer Rolle gehört es doch, das Ganze darzustellen und so den kirchlichen Pluralismus symbolisch zu versöhnen. Man sollte vom Bischofsamt, zumal vom evangelischen, hier nicht zu viel erwarten und sich besser daran erinnern, dass die evangelische Kirche nicht allein durch ihr hierarchisches Spitzenpersonal repräsentiert wird. Früher waren dafür immer auch engagierte Bürger zuständig, wie die Geschichte des Kirchentags beweist.

Noch einmal: Wer soll's denn machen? Eine Kirche kann nur in dem Maße politisch sein, wie sich Christenmenschen als Bürger verstehen und betätigen. Das also wäre das beste Heilmittel gegen den altbekannten Kirchentagsblues, dass all diejenigen, die heute aus Dresden in ihre Kirchengemeinde, in ihr Gemeinwesen zurückkehren, eine neue Lust zum Engagement im Alltag wirksam werden lassen. Denn dort – nicht im Fest, sondern im Alltag entscheidet sich bekanntlich das Leben.

5. Juni 2011

Die glücklichen Moltkes?

Ein Versuch
über die Glückstheologie in ihren Abschiedsbriefen

Der Neujahrstag ist ein guter Anlass, über das Glück nachzudenken. Schließlich erhält und verteilt man heute – wie schon gestern – unablässig Glückwünsche. Aber was ist damit gemeint? Was wünscht man da – anderen und sich selbst? Es gibt eine Unzahl von Büchern, die einem weismachen wollen, was das Glück ist und wie man es bekommt. Doch die einzige Frage, die sich bei der Lektüre stellt, ist, warum Bücher über das Glück oft so langweilig sind. Glück ist doch der Inbegriff wunderbarer Erfüllung, aber die Bücher darüber sind überraschend überraschungsarm. Nun ist jedoch fast auf den Tag vor einem Jahr ein Buch erschienen, das sehr Erstaunliches über das Glück sagt, obwohl es ein reines Unglücksbuch zu sein scheint: die Abschiedsbriefe von Freya und Helmuth James von Moltke. Es ist ein Buch über Not und Tod, Unrecht und Gewalt, Ausgeliefertsein und Hoffnungslosigkeit. Und dennoch kommt kaum ein anderes Wort so häufig in ihm vor wie »Glück«. Das ist befremdlich und fordert dazu heraus, neu über den Glücksbegriff nachzudenken – das ist im Übrigen nicht die schlechteste Form, des Todestages von Freya von Moltke zu gedenken, der sich heute zum zweiten Mal jährt.

Helmuth James Graf von Moltke war im Januar 1944 wegen Konspiration gegen das NS-Regime verhaftet worden. Er leitete den sogenannten Kreisauer Kreis, eine Gruppe von deutschen Widerständlern. Im September 1944 wurde Moltke in das Gefängnis Tegel verlegt. Er wusste, dass er sterben würde. Doch er hatte noch

Zeit. Wie viel, das konnte er nicht ahnen. So nutzte er jeden Tag, als wäre er sein letzter. Er bereitete sich auf seinen Prozess vor, las in Bibel und Gesangbuch, vor allem aber schrieb er sich mit seiner Frau Briefe, die der Gefängnisseelsorger Harald Poelchau hin- und herschmuggelte. Da sich die Zeit bis zu seinem gewaltsamen Tod am 23. Januar 1945 dehnte, wurde daraus ein Konvolut von fast 600 Seiten. Seine Frau verwahrte sie für sich. Nach ihrem Tod fand ihr Sohn Helmuth Caspar von Moltke diese Korrespondenz und machte gemeinsam mit seiner Schwägerin Ulrike von Moltke daraus ein großes, tiefes Buch.

Gleich der erste Brief, den Freya von Moltke am 29. September 1944 geschrieben hat, ist voll des Glücks:

Mein Liebster, wie schön, dass ich Dir noch einmal richtig schreiben kann. Wie beglückend, dass wir uns sahen. Wie gut und voller Gnade das alles geht! Ich bin ganz glücklich darüber. Mein Herz, ich glaube ganz genau zu wissen, wie es in Dir aussieht, ich bin zwar weit hinter Dir zurück und werde es bleiben, aber deshalb gehöre ich doch zu Dir und so bleibt es auch für immer. Ich werde leben müssen und das wird schwer sein, aber es wird gehen, denn ich werde Dich weiter lieben dürfen. Ich werde Dich in Gott lieben und Dich so nicht stören auf den Wegen, die Du gehen wirst, und Gott werde ich mehr und besser lieben als bisher, Du musst aber bitte in der Gewissheit sterben, dass ich außer Gott nur Dir gehöre.

Die erste Reaktion beim Lesen dieser Zeilen dürfte ein Erstaunen und fast ein Erschrecken sein, gemischt mit einer gehörigen Portion Beschämung. Da ist dieser Frau der Mann entrissen worden. Sie wird fortan in Angst leben und allein für sich, das Gut und die beiden Kinder sorgen müssen. Aber sie klagt nicht, sondern freut sich unbändig über ein kurzes Wiedersehen und die Gelegenheit, ihm zu schreiben. Sie ist glücklich, dass das innere Band zwischen ihr und ihrem Mann so stark ist, dass die Mächte des Bösen es nicht zerreißen konnten. Dieses Glücks ist sie sich gewiss, weil es in Gott gegründet ist, wie sie schreibt.

Ihr Mann antwortet auf dieses Liebes-Glaubensbekenntnis in gleichem Ton. Es ist regelrecht eine Wucht des Glücks, die den Leser trifft:

Mein liebes Herz, voll Dankbarkeit blicke ich auf diesen 10ten Monat meiner Haft zurück. Wie schön war das. Jeden Tag, den Gott uns noch zusammen auf dieser Erde schenkt, müssen wir und werden wir mit Dank genießen, jedes Krümchen Glück aufpicken. Denn so groß unser Reichtum ist, so gesättigt mit glücklichen Gedanken wir sind, haben wir doch dieses Glück so recht aufnehmen und es in jedem Sekündchen genießen gelernt.

Auch beim Glück kommt es darauf an, wer davon spricht. Hätte der Gefängnispastor den beiden diese Sätze gesagt – als seelsorgerlichen Rat, auch mitten im Bösen das Gute wahrzunehmen –, es wäre falsch, peinlich, ja ungehörig gewesen. Doch wenn die vom Unglück Betroffenen selbst in der Lage sind, ein Krümchen Glück zu finden und sich davon zu nähren, dann ist sogar das ein großes Glück – auch für diejenigen, die davon erst viele Jahre später lesen.

Die beiden stehen aber auch vor einer gedanklichen Herausforderung. Was ist hier eigentlich gemeint? Wie ist ihr Glück zu verstehen? Welches Bild des Lebens steht dahinter? Welches Gesamtbild Gottes und des Menschen? Denn trotz aller Intimität spricht sich hier nicht allein eine private Zweierbeziehung aus, sondern fast so etwas wie eine Theologie. Natürlich sind diese Abschiedsbriefe kein Lehrbuch. Sie argumentieren und belehren nicht. Aber sie enthalten eben nicht nur anrührende Gefühlsäußerungen, sondern auch Elemente eines Begriffs des Glücks.

Schon der erste Brief Helmuth James von Moltkes enthält die wesentlichen Motive: erstens das Glück der Liebe; zweitens der Dank für ein gemeinsames Leben von immerhin 15 Jahren und drittens die Gewissheit, in den wesentlichen politischen, moralischen und religiösen Lebensfragen übereinzustimmen. Diese Motive werden wieder und wieder durchgespielt, dabei leicht variiert. Sie klingen, je länger man sie hört, wie Leitmotive, die am Ende eine Symphonie des Lebens und Sterbens ergeben, ein vollständiges Bild des Glücks im Unglück.

Glück ist Liebe, vor allem dies. Glück ist die Freude zweier Menschen aneinander:

Mein Herz, ich war so glücklich, Dich einige Sekündchen zu sehen. Du wirst hoffentlich gesehen haben, dass es mir gut geht, überraschend gut für die Umstände; und Du, mein Herz, hast einen großen Anteil daran. Denk' ein Mal, dass ich, seit alles sich verschlimmert hat, nicht einen Augenblick Sorge um Dich hatte, nicht ein Sekündchen. Ich war ganz stolz, dass ich eine solche Frau hätte, dass ich ihr zutrauen könnte, das zu meistern, was uns bevorsteht. Mein Herz, ich bin meiner Sache so sicher, ich bin so fest verankert, dass, so Gott will, mir die erforderliche Kraft keinen Augenblick fehlen wird.

Liebe meint hier vor allem den Glauben aneinander, das wechselseitige Vertrauen, alles gemeinsam zu meistern. Indem der Mann seiner Frau dieses Vertrauen ausspricht, fordert er damit sie und sich selbst dazu auf, nicht nachzulassen. Doch wichtiger als diese Mahnung ist das schlichte Glück, dem anderen das Entscheidende zutrauen zu können.

Mein Herz, ich bin glücklich zu hören, dass Du heiter bist. Wir haben auch allen Grund dazu, denn uns ist viel geschenkt worden. Muss der hohe Preis bezahlt werden, der mit einer Wahrscheinlichkeit von 99% gefordert wird, dann kann man doch nicht sagen, dass selbst dieser Preis zu hoch war, wenn es eben anders nicht zu erlangen war. Es sind ganz große Gaben und für die ist dieser Preis billig. Das wollen wir nie vergessen.

Auf diesen Brief ihres Mannes Helmuth James von Moltke antwortet ihm seine Frau zehn Tage später:

Mein Lieber, wenn eine Frau so von der Liebe zu ihrem Mann verschlungen wird wie ich, dann wird sie, was ihr Weg auch sein mag, immer eine glückliche Frau bleiben. Wenn sie fühlt, wie das Feuer ihrer Liebe heiß und gut, schmerzhaft und beglückend in ihr brennt, so wird sie, überwältigt von Dankbarkeit ihrem Schöpfer gegenüber, der sie mit dieser Liebe gesegnet hat, nur darum flehen können, dass sie das Feuer weiter in sich tragen darf, dass sie weiter dem gehören darf, dem sie so tief und einmalig fest verbunden ist, dass ihre Liebe ihren Geliebten immer erreichen, immer wärmen, immer umgeben darf. Sie weiß, dass sie dazu der Hilfe bedarf, aber sie glaubt fest, dass sie ihr auch geschenkt werden wird. Merkst Du, dass sie eine sehr glückliche Frau ist, der das Schönste geschenkt wurde, was die Welt an Glück bringt.

Dies ist ein Hohelied der Liebe, eine euphorische Beschwörung inniger Liebe durch alle Gefängnismauern hindurch. Es ist keineswegs selbstverständlich, dass eine Frau in dieser Lage solch ein Lied anstimmen kann. Sie hätte auch traumatisiert verstummen oder mit dem Mann und seinem gefährlichen politischen Engagement hadern können. Dass Freya von Moltke dies nicht tut, sondern dieses Liebeslied singt, ist ein Zeichen ihrer persönlichen Stärke, aber auch der Kraft, die ihr aus ihrer Liebe zufließt. Und dies, obwohl körperliche Nähe unmöglich ist. Hier zeigt sich, dass man sich die Liebe auch sagen kann, dass bloße Worte eine Brücke sein können, wenn ein tiefer Graben die Körper trennt.

Dazu braucht die Liebe aber eine gemeinsame Verankerung in einer Gegenwelt – einer Gegenwelt, die diese Gewaltwelt innerlich überwindet. Helmuth James von Moltke beschreibt es so:

Ich will vor allem wiederholen, dass, wenn sich in mir nichts ändert, meine Seelenlage ganz gesichert erscheint, und ob ich gefesselt bin oder nicht, Wanzen habe oder nicht, in kalter und dunkler Zelle sitze, nicht lesen und schreiben darf, nichts von Dir höre und schließlich angebrüllt, geköpft oder gehängt werde, es wird immer das gleiche bleiben: Ich weiß ganz genau, wo ich fest verankert bin: über mir und neben mir, alles andere ist mir, so glaube und hoffe ich, in diesen Wochen ganz wurscht geworden. Ich glaube auch nicht, dass ich in dieser Einstellung irgendwie überkandidelt bin, sondern fühle mich ganz im Lot und so, als sei das ganz natürlich gewachsen und nicht etwa jetzt künstlich gezüchtet.

Hier spricht sich eine hohe Frömmigkeit aus. Ist sie zu hoch? Helmuth James von Moltke stellt sich selbst diese Frage und prüft seine Frömmigkeit auf Echtheit. Es könnte sich ja auch um eine hysterische Reaktion, einen

»Knastkoller« handeln. Doch seine Glaubensgewissheit ist echt. Dies zeigt sich in dem Glück, das sie stiftet, nämlich der Freude darüber, dass widrigste Umstände im letzten keine Macht über ihn haben. Sie können ihm seine Würde und seine Liebe nicht rauben. Deshalb kann er – trotz aller Anfechtung – Not, Schmerz und Angst vergleichsweise gelassen hinnehmen.

Freya von Moltke teilt diese Wertschätzung des Glaubens. Aber sie formuliert sie viel zurückhaltender, tastender:

Es liegt ein gewisses Glück, eine Möglichkeit der Entspannung in der teuren Gewissheit, dass wir ganz vereint, ganz untrennbar in Gottes Hut sind. So sehe ich Kummer, Schmerz, Leid und einen schweren Weg für Dich vor mir, aber keine Verzweiflung, und bis zum Schluss bleibt mir der Glaube, dass Gott Dich am Leben zu halten vermag, sicher. Wir beide sind vollkommen durchdrungen von der Gewissheit, dass wir nicht nur für dieses Leben zusammengehören, dass unsere Liebe stärker ist als der Tod, dass Du mich und ich Dich in Gott immer finden kann.

Darin also liegt das Glück des Glaubens, dass er die Macht des Bösen zumindest innerlich bricht, den Leidenden ein festes Herz schenkt und ihre Liebe in einem göttlichen Grund befestigt. Das für sich zu erfahren, ist schon ein großes Geschenk – es miteinander zu teilen ein noch größeres.

Nun ist es aber nicht so, dass das Ehepaar Moltke in einen frommen Ideenhimmel geflohen wäre. Sie verlieren nie den Sinn auch für die alltäglichen Erscheinungsformen des Glücks. So versucht Freya von Moltke, stellvertretend für ihren Mann, das natürlich Schöne um sich herum zu genießen.

Mein liebes Herz, da sitze ich in Kreisau an meinem Schreibtisch, habe seit gestern meine Augen über so vieles wandern lassen, was Dir sehr lieb und vertraut ist, und habe nur das gedacht und wie gerne ich es Dich sehen ließe. Gestern war ein milder zartfarbiger Herbsttag. Ich bin nach Tisch mit Zeumer rumgefahren, aber da ich mit ihm über Dich sprach und ihm den Ernst der Lage auseinandersetzen musste, so rannen unter all dem heimatlichen Glanz, der doch zu Dir so sehr gehört, der daher uns gehört, zu viele Tränen, als dass ich es richtig hätte genießen können. Wir droschen Rübensamen, der nass war, und machten Kartoffeln raus, aber wir fuhren auch nach Kreisau raus, wo nicht gearbeitet wurde. Die Sonne schien und Kreisau lag lieb und anheimelnd in der Senke, die Eule war weit weg und hoch und der Zobten [ein Berg in der Umgebung] ganz zart, das Laub der Büsche beginnt sich zu verfärben. Als wir dort oben waren, war Casparchen dabei, saß auf meinem Schoß, aber ich konnte nur an Dich voller Liebe und Sehnsucht denken und das tat alles weh. Dabei hatte ich das Gefühl, ich müsste es alles, das Schöne, in mich saugen, um es Dir in aller Süße schildern zu können, selbst wenn Dir das weh tut, so wirst Du doch empfinden, wie schön es war.

Schon klingt hier das Glück der Erinnerung an. Beide leben nicht mehr ganz in einer Gegenwart. Durch Gefängnis und drohende Hinrichtung sind sie schon in zwei Zeitwelten aufgeteilt. So schleichen sich in die Briefe nostalgische Rückblicke ein, obwohl beide doch noch leben. Auch in diesen Rückblicken kann ein Glück liegen, aber es ist ein bitteres. Nach einem Besuch in Tegel schreibt Freya von Moltke:

Mein Liebes Herz, es war ein solches Glück, ein solches reines Glück, Dich zu sehen. Ach, mein Jäm, wie schön war es. Mit großem Glanz liegt die schöne Zeit in mir. Du sahst so wohl, so gut, so richtig aus, so wie Du aussehen musst, ganz wie mein Jäm, ganz wie immer.

Ihr Glück ist schmerzdurchtränkt. Aber auch dem Schmerz können sie etwas abgewinnen. Er schreibt:

Du musst aber diesen Tiefpunkt durchwandern und den Schmerz ertragen. Versuche nicht, durch übermäßige Geschäftigkeit darüber hinweg zu huschen; Du erntest sonst nicht die Frucht Deiner Tränen, und Du engst das Plätzchen in Dir ein, in dem ich weiter wohnen bleiben will. Der Schmerz weitet dieses Plätzchen.

Selbst das Unglück kann eine Quelle des Glücks werden, weil es ein Ort der Liebe sein kann. Doch wird hier keine Passionsfrömmigkeit verkündet, die den Schmerz um seiner selbst willen sucht, wie es in einigen problematischen Traditionen im Christentum der Fall war:

Ja, mein Herz, den Schmerz richtig zu erhalten, dass er bleibe, aber nicht zum Fetisch werde, ist schwer. Es ist wie die Aufgabe, ein Feuer immer gleichmäßig mittelstark zu halten.

So werden die Eheleute zu Hütern ihres Schmerzes, wachen über ihn, verdrängen ihn nicht, sondern geben ihm in ihren Briefen Ausdruck und Atem. Sie verheimlichen sich ihren Schmerz nicht. Aber sie lassen sich von ihm nicht gefangen nehmen. Sie trotzen ihm, indem sie Gegenerfahrungen des Schönen suchen und finden.

Dass man in großem Unglück gerade in den kleinen Dingen Quellen des Glücks sehen soll, wird oft empfohlen. Doch diese Rede hat häufig etwas harmlos Banales und dumpf Kleinbürgerliches. Hier, in diesem

Briefwechsel nicht, und zwar aus zwei Gründen: die Lage der Moltkes ist zu ernst für Plattitüden; zudem können sie dieses kleine Glück so beschreiben und einander mitteilen, dass es wirklich groß wirkt: die Gerüche des Herbstes, überraschende Lektüren, die Mahlzeiten der Kinder, vor allem aber diese Briefe. So schreibt sie:

Mein lieber, mein Jäm, ich habe schon viele glücklich traurige Tränen über Deinen Abschiedsbrief laufen lassen. Ich habe ihn schon oft gelesen und dann geschah es immer wieder. Jedes Wort habe ich tief in mich hineingenommen, und von dort kommen sie immer wieder zu mir herauf. Jedes Wort zeugt von uns, gehört zu unserem Leben, jedes Wort ist von Dir und gehört zu mir. Mein Lieber, welches Glück!

Dass einfache Worte Glück spenden können, wirklich die Kraft haben, eine Verzweifelte aufzurichten, einen Sterbenden stark zu machen, Getrennte ihrer Liebe zu versichern – dass bloße Worte dies vermögen, ist das eigentliche Wunder dieser Briefe. Da es sich um ein höchst kostbares und intimes Wunder handelt, hat Freya von Moltke diese Briefe für sich behalten. Nun können wir sie lesen. Ob wir das eigentlich dürfen?

Wir sollten es, und zwar nicht nur, um sie als historische Dokumente des deutschen Widerstands gegen Hitler zu studieren. Vielmehr sollten wir sie auch ganz eigen-nützlich für uns selbst lesen. Denn es sind Glückstexte, aus denen heute noch Menschen in Not, Krankheit oder Armut, verzweifelt oder im Sterben Kraft und Orientierung schöpfen, an denen sie sich erbauen können. Rezepte zum Glücklichwerden – wie das geht und wie man das macht, am besten in zehn Schritten – wird man hier nicht finden. Auch lässt sich das Leben, Denken, Fühlen und Glauben der Moltkes nicht imitieren.

Man sollte dankbar sein, wenn einem Ähnliches erspart bleibt. Aber ihre Briefe weiten den Blick und vertiefen das Verständnis für das, was wahres Glück heißen kann.

Die Briefe, die Harald Poelchau aus dem Gefängnis wieder herausgeschmuggelt hatte, versteckte Freya von Moltke an einem besonderen Ort. In der Wahl dieses Verstecks zeigte sich ihre Lebensklugheit, aber diese Wahl hat auch einen theologischen Hintersinn. Freya von Moltke verwahrte die Korrespondenz mit ihrem Mann nämlich in den Bienenkörben von Kreisau. Das war ein sicherer Ort. Welcher Gestapo-Mann wäre auf die Idee gekommen, hier nachzuschauen? Die Bienen hätten es auch kaum geduldet. Der Bienenkorb ist jedoch auch ein schönes Symbol. In der frühchristlichen Zeit war er ein Sinnbild für die Kirche. Denn in ihm leben die Bienen – Repräsentanten von Tugend und Gemeinschaftssinn – in natürlicher Harmonie zusammen und bringen reiche Frucht. Große Prediger wurden ebenfalls als Bienenkörbe gerühmt, weil ihr Mund von »honigsüßer« Rede überfloss. Die Abschiedsbriefe von Freya und Helmuth James von Moltke sind auf ihre Weise neuzeitlich-protestantische Bienenkörbe, nicht gerade süß, eher schwere Kost, aber doch eine sehr nahrhafte und darin wahrhaft beglückende Lektüre.

1. Januar 2012

Literaturhinweis:
Helmuth James und Freya von Moltke: Abschiedsbriefe Gefängnis Tegel. September 1944 – Januar 1945, hg. von Ulrike und Caspar von Moltke, München 2011.

Über den Takt in der Religion

Ein theologischer Versuch über eine zwielichtige Tugend

Man sollte nicht zu häufig neue Bücher kaufen. Anregender und überraschender ist es oft, in den alten zu blättern. So erging es mir vor kurzem. Ich hatte eine Frage zu einem Detail der Reformationsgeschichte und griff nach langer Zeit wieder einmal zum dritten Band der »Gesammelten Aufsätze« von Karl Holl. Dies war ein großer Kirchenhistoriker, der die moderne Lutherforschung begründet hat. Er lebte von 1866 bis 1926. Ich hole also den gewichtigen Band aus dem Regal, blase den Staub ab und blättere. Bald lese ich mich fest – aber nicht in einem seiner klassischen Aufsätze, sondern in einem kleinen Essay, das sich versteckt am Ende findet. Ohne akademischen Aufwand denkt Holl darin über ein seltsames Thema nach, nämlich »Über den Takt in der Religion«.

Das ist eine befremdliche Wortzusammenstellung. Mit Takt verbindet man die Höflichkeit der höheren Stände, das Verhalten in besserer Gesellschaft. Was soll das mit dem religiösen Leben zu tun haben? Doch Holl hatte im Jahr 1900 den Eindruck, dass gerade die liberalen Theologen, zu denen er sich irgendwie selbst auch zählte, sich auf eine bedenkliche Weise in religiösem Takt übten. Allzu höflich und rücksichtsvoll waren ihm die Theologen und Prediger seiner evangelischen Kirche geworden. Deshalb formulierte Holl ein Plädoyer gegen den Takt in der Religion. Das mag mit seinem sperrigen Charakter zu tun gehabt haben. Doch Holl hatte auch gute theologische Argumente und biblische Belege für die Auffassung, dass es in der Religion nicht taktvoll zugehen dürfe.

Niemals nämlich hätten die großen Prediger in der Religion Takt geübt. Rücksichten auf Andersgläubige hätten sie nicht genommen. Jesus habe im Streit mit den Pharisäern deren religiöse Gefühle nicht respektiert und kein Verständnis dafür gezeigt, dass hinter den Mühen der gesetzestreuen Schriftgelehrten ein hoher religiöser und moralischer Ernst steckte. Dass er sie als Heuchler und Otterngezücht beschimpfte, sei mehr als taktlos gewesen. Doch Takt sei eben nicht die vornehmste Eigenschaft derjenigen, die in der Religion etwas bedeuten. Dies sei keine Charakterschwäche oder Folge einer ungenügenden Erziehung, sondern folge aus der Wucht der religiösen Sache, der sie sich hingegeben hätten. Die religiöse Leidenschaft dulde keinen Widerspruch und keinen Kompromiss. Hier gehe es um Sein und Nichtsein der Seele, um die unmittelbare Begegnung mit Gott, die radikale Umwertung aller Werte. In dieser Schärfe liege die Stärke der großen Propheten und Reformatoren. Es sei ein Zeichen der Schwäche, wenn ihre Nachfolger sich eilfertig darum bemühten, niemanden vor den Kopf zu stoßen.

Karl Holl schreibt: »Mich dünkt, der Schaden, der durch das jetzige taktvolle Verhalten angerichtet wird, ist größer als der, den lebendige, rückhaltlos sich äußernde Religiosität durch Ärgernis stiften könnte. Würde mit der Kraft und Freiheit gesprochen, die die heilige Sache fordert, so käme es vielleicht auch unserem Geschlecht wieder zum Bewusstsein, dass Religion kein Spiel und keine Sache des Genusses ist, sondern bitterer Ernst, und dass der Weg zur Religion durch Ängste und Todesnöte führt.«

Oder hat nicht doch der Takt sein Recht, gerade in der Religion? Jesus selbst, so streng und schroff er gegenüber den religiösen Autoritäten seiner Zeit auftrat, näherte er sich den Kleinen, Beschämten und Beladenen doch mit Feingefühl. Die Kinder rief er zu sich. Die Sünder verachtete er nicht. Die Kranken und Behinderten jammerten ihn. Er ließ sich von ihrer Not anrühren und rührte sie an. Er unterzog sie keiner messianischen Zwangsbeglückung. Vielmehr fragte er sie, bevor er sie heilte, was sie von ihm wünschten. Das zeigt ein Taktgefühl, das Ärzte nicht immer aufbringen – damals nicht und heute nicht.

Es gibt also durchaus Anhaltspunkte dafür, den Takt in den christlichen Tugendkatalog aufzunehmen. Notwendig wäre dies aus drei Gründen. Ein heutiger evangelischer Christ kann sich erstens nicht auf eine Stufe mit Luther, Paulus oder Jesus stellen. Er verfügt nicht wie sie über eine Religion aus erster Hand. Sein Glaube leitet sich ab aus dem Glauben anderer, dessen Größe und Tiefe er nicht ganz in sich abbilden kann. Es wäre anmaßend und peinlich, wenn er so vollmächtig und von Rücksichten befreit auftreten würde wie Jesus. Sich in Zurückhaltung zu üben, wäre die angemessene Konsequenz aus der ehrlichen Einsicht in die eigene religiöse Mittelmäßigkeit. Zweitens ist der Glaube eines heutigen Christen vom modernen Denken durchkreuzt und mit Zweifel durchsetzt. Ein solcher gebrochener Glaube muss leiser und verhaltener sein als derjenige der großen historischen Vorbilder. Drittens ergibt sich die Notwendigkeit religiösen Taktgefühls aus der äußeren Lage, in der sich ein Christ heute befindet. Er lebt nicht unter dem Dach einer mächtigen Staatskirche, ist nicht mehr Teil einer unangefochtenen Mehrheit. Deshalb kann und mag er nicht so präpotent auftreten, wie dies Repräsentanten eines autoritären Klerikalismus früher gefallen hat. In einer säkularen und multireligiösen Gesellschaft muss der Christ sich einfügen, Rücksichten nehmen und um Verständigung werben. Takt ist sein Schicksal, aber hoffentlich nicht nur dies, sondern auch eine Tugend, der er selbst einen christlichen Sinn abgewinnen kann.

Diese Tugend gilt es zu üben – zunächst im Umgang mit anderen Religionen. Wie hilfreich wäre es angesichts all der hoch erregten Kopftuch- und Moscheedebatten hierzulande, wenn sich alle auf ein Mindestmaß an Takt verständigten. Publizistischen Demagogen wäre der Boden entzogen, von dem aus sie ihre Beschämungsdiskurse zum eigenen Profit starten. Aber auch der viel beschworene »Dialog der Religionen« bekäme ein klareres Profil. Manchmal wirkt er allzu bemüht und erweckt den Eindruck, gegebene Unterschiede im Überschwang einer nur gut gemeinten Umarmungsrhetorik verbergen zu wollen. Takt im Gespräch mit anderen Religionen wahrt dagegen eine Distanz, die allen Beteiligten nur guttun kann. Höflich nähert man sich einander an, vorsichtig tastet man ab, worüber man sich verständigen kann, klug respektiert man bleibende Differenzen, besonnen spricht man das an, was einen am Gesprächspartner stört, aber eben so, dass dieser es hören und darauf antworten kann. Es ist wie immer im Umgang mit den lieben Nachbarn: Mit Takt kann man eine feine Mischung aus Nähe und Distanz finden, die den Frieden wahrt und die Freiheit schenkt, gelassen zu schauen, mit welchem Nachbarn man eine Freundschaft beginnen möchte und mit wem es bei einem höflichen Nebeneinander bleiben sollte.

Mehr Takt aber würde auch das Miteinander in der Kirche fördern. Noch vor einer Generation war es üblich, dass sich Linke und Rechte, Bibelfromme und Sozialengagierte ununterbrochen wütende Debatten über den richtigen Weg lieferten. Inzwischen hat man eingesehen, dass solch ein ritualisierter kulturkämpferischer Furor auf die Dauer nicht nur langweilig ist, sondern auch nichts hilft. Höchstens verschafft er den Kombattanten den Genuss, die eigene Verunsicherung für einen Moment aggressiv abreagiert zu haben – eine flüchtige und trügerische Entlastung. Denn was nutzt mir der Nachweis, dass mein Gegner auf dem falschen Weg ist, wenn ich für mich die Frage zu beantworten habe, wie ich als Christ im 21. Jahrhundert leben und glauben kann? Besser ist es, wenn Christen aller Frömmigkeitsstile sich ihre je eigene Unsicherheit eingestehen und neugierig werden auf die Antworten, die andere gefunden haben. Der Preis für solch einen theologischen Takt ist vielleicht eine gewisse Streitscheu und Langeweile. Der Gewinn ist jedoch, dass man aufhört, seine begrenzten Kräfte in nutzlosen Selbstzerfleischungen zu vergeuden, und endlich anfängt, sich auf die eigentliche Arbeit zu konzentrieren.

Und auch dieser pastoralen Arbeit würde ein feiner ausgebildetes Fingerspitzengefühl von Nutzen sein. Gerade angesichts einer autoritär-klerikalen Vergangenheit, aber auch angesichts einer Gegenwart, die – global betrachtet – von überhitzten Religionskonflikten bestimmt ist, ist die Sehnsucht groß nach einer Kirche der leisen Töne. Die Pflege und Vermittlung des Glaubens leben im letzten davon, dass er in stimmigen, verlässlichen Beziehungen gelebt wird – in der Familie, in der Gemeinde, in der Nachbarschaft, im Beruf. Und dafür ist es nicht sinnvoll, taktlos aufeinander zuzustürmen oder die anderen anzubrüllen. Vielmehr sollte man einen freundlichen Ton pflegen. Überzeugen kann ein Pastor in Predigt, Unterricht und Seelsorge nur, wenn er nicht ständig alle Register zieht. Die heutige Umwelt ist laut genug und der Zeitgeist auf Krawall gebürstet. Viele wünschen sich ein wenig Ruhe, um wirklich zur Besinnung zu kommen. Für sie sollte die Kirche ein Haus des Taktes sein.

Doch sollte man Takt nicht mit Verzagtheit oder Verstummen verwechseln. Im Wortsinne bezeichnet er ein Rhythmusgefühl. Wie ein Dirigent den Takt schlägt und dabei Lautstärke, Intensität und Schnelligkeit variiert, so sollte der taktvolle Christ eine Bandbreite an Ausdrucksmöglichkeiten besitzen und mit ihnen spielen. Damit es nicht bei einem wohltemperierten Allerlei bleibt, sollte er gelegentlich auch ein Forte einlegen. Vor allem aber sollte er dem Klang selbst vertrauen und sich ihm gegenüber zurücknehmen, damit sich den Zuhörern neue Denk- und Gefühlsräume öffnen, in denen sie eigene Glaubenserfahrungen sammeln können.

Natürlich ist der Takt eine bürgerliche Tugend. Doch ist er kein Privileg des Besitzbürgertums. Mit dünkelhaftem Vornehm-Tun hat er nichts zu tun. Bürgerlich ist diese Tugend, weil sie davon lebt, dass man sie im gesellschaftlichen Miteinander übt, und weil sie eine gewisse Bildung zur Voraussetzung hat. Bildung aber ist kein Statuszeichen einer bestimmten Klasse, sondern viel grundlegender und allgemeiner die Fähigkeit, zu sich selbst Distanz zu nehmen. Gebildet ist, wer über sich selbst nachdenken kann, wer seine Position kennt, aber auch von ihren Grenzen weiß, wer Lebensprinzipien hat, sie aber auch in Zweifel ziehen kann, wer Auskunft über sich selbst zu geben vermag, aber auch Lust am Gespräch mit anderen hat. Gebildet ist, wer nicht fertig ist. Einem gebildeten Christen geht die Unmittelbarkeit der großen Propheten und Reformatoren ab, aber ihm fehlt auch die Herrschlust klerikaler Autoritäten. Er besitzt sicherlich weniger Charisma, dafür aber hoffentlich etwas mehr Charme. Takt wäre dann ein Ausdruck echter Herzensbildung. Hinter ihm steckt also kein kaltes Herz, sondern die Fähigkeit, sich selbst zurückzunehmen und in die Lage des Nächsten hineinzudenken und hineinzufühlen. Ein besonders wichtiger Bewährungsort ist deshalb die Seelsorge.

Dazu gibt es eine schöne Geschichte aus einem anderen alten, verstaubten Buch eines wenn auch klassischen, so doch längst vergessenen Kirchenhistorikers. Karl August von Hase wurde zwei Generationen vor Karl Holl geboren, nämlich im Jahr 1800. Er gilt ebenfalls als ein Gründungsvater der modernen historischen Theologie. Aber anders als Holl war er ein fröhlicher, humorvoller und zudem taktvoller Charakter. Aus seiner Feder stammen nicht nur gewichtige, gelehrte Meisterwerke, sondern auch ein bezaubernder kleiner Band, der mir kürzlich in die Hände fiel. Es ist der Bericht seiner Reise nach Rom, die er mit 30 Jahren von 1829 bis 1830 unternommen hat. Die deutsche Literatur ist bekanntlich voll mit Reiseberichten von diesem Sehnsuchtsort. Wenn es in der Literaturgeschichte gerecht zuginge, nähmen von Hases hinreißende Erzählungen aus Rom darin einen besonderen Ehrenplatz ein. Das zeigt auch diese kleine Geschichte über den Wert und die Würde des religiösen Taktes.

In Rom war von Hase dem etwas jüngeren Dichter Wilhelm Waiblinger begegnet, einem romantischen Aussteiger, der sich fern der kalten, engen Heimat in der ewigen Stadt neu hatte erfinden wollen. Waiblinger war ein verkrachtes Genie. Durch sein ungezügeltes Liebesleben und einige provozierende Dichtungen hatte er sich einen solchen Namen als jugendlicher Skandalautor gemacht, dass er für das Tübinger Stift nicht mehr tragbar war. Der hoffnungslose Theologiestudent wurde ausgewiesen. So reiste er nach Rom. Dort verliebte er sich in die verheiratete Nena Carlenza und lebte mit ihr in wilder Ehe. Die deutsche Gemeinde in Rom registrierte es mit leiser Empörung. Als von Hase ihn aber kennenlernte, war er schon ernstlich krank. Eine Lungenentzündung hatte den 25-Jährigen gepackt und sollte ihm bald das Leben nehmen. Doch im Sterben muss er zu überraschender Ernsthaftigkeit gefunden haben. Von Hase schreibt: »Man erzählte mir, dass er mit Ergebung und Heiterkeit dem Tod entgegensehe.«

Leider entdeckte der evangelische Pastor der deutschen Auslandsgemeinde in ihm nun ein Objekt seelsorgerlicher Bemühung. Unbedingt wollte er den sterbenden Dichter vor seinem Tod von seinen Sünden und seinem Unglauben befreien und ihn zum wahren Glauben bekehren. Eine Reihe höchst lästiger Hausbesuche diente diesem Zweck. Von Hase erzählt, dass Waiblinger die Versuche des Pfarrers hartnäckig, mit letzten Kräften zurückgewiesen habe. Vergeblich versuchte er zu vermitteln: »Da ich aus der Kenntnis beider Charakter wusste, wie ganz fern sie voneinander standen, so dass sie einander nur ängstigen und verbittern konnten, äußerte ich gelegentlich im Hause unseres Pfarrers, weil Waiblinger ja nicht bange vor dem Tode sei, so sei es vielleicht besser, ihn in Frieden zu lassen, da die Annahme derjenigen Glaubensartikel, die mein theologischer Freund von ihm fordere, bei diesem Charakter doch nur eine aus der Todesangst hervorgehende Selbsttäuschung sein könne, und vor solch einem Christentum lobte ich mir doch einen ehrlichen, heidnischen Tod auf Sokrates und Spinozas Weise.«

Doch dieses Plädoyer für einen taktvollen seelsorgerlichen Umgang mit dem Sterbenden, stieß auf keine offenen Ohren. »›Aber es ist doch Pflicht, seine Seele zu retten‹, sagte die Frau des Pfarrers, eine zarte, fromme und nervenkranke Dame, aber mit wahrer Anteilnahme, ›denn er glaubt ja nicht einmal an die Unsterblichkeit.‹« Ratlos stand von Hase zwischen dem todkranken Waiblinger, der endlich zu innerem Frieden gefunden hatte, und dem bekehrungswütigen Pastorenehepaar, das dem Sterbenden keine Ruhe gönnen wollte. In frommem Pflichteifer setzte der Pastor seine rücksichts- und nutzlosen Versuche fort, »und als der bedrängte Dichter zuletzt gar nichts mehr geantwortet hat, war er mit den Worten geschieden: ›Gott sei Ihrer Seele gnädig!‹« Waiblinger soll darauf nur erleichtert gelächelt haben.

Bald darauf stirbt er in großer Stille – gepflegt von seiner italienischen Geliebten. Ihr bezeugt von Hase den größten Respekt: Sie lebte – wie er schreibt – »vom kümmerlichen Verdienst ihrer Hände und mit Aufopferung hat sie ihm, Tag und Nacht nicht weichend von seinem Krankenbett, obgleich es die letzten Wochen hindurch schon vom Duft der schrecklichen Verwesung umgeben war, die höchste Treue bewiesen bis an seinen letzten Seufzer.«

Am Tag danach sollte Waiblinger beerdigt werden. Doch als der Leichenzug auf dem Friedhof angekommen war, fehlte der Pastor. Der württembergische Gesandte drängelte. Denn dies war eine schlechte Gegend. Es bestand die Gefahr, dass ein fanatischer Priester einen fremdenfeindlichen Mob aufstachelte, um hier eine protestantische Beerdigung zu verhindern und den Leichnam in den Tiber zu werfen. Da trat von Hase vor, um dem unchristlichen Toten einen letzten Dienst christlicher Barmherzigkeit zu erweisen. Doch schließlich kam der Pastor doch und waltete seines Amtes. Im Kontrast zu diesem unruhigen Leben und qualvollen Sterben muss es eine tröstliche Beerdigung gewesen sein. Von Hase schildert sie so:

Der Sarg wurde von sechs jungen Malern und Landsleuten des Verstorbenen vom Tor des Gottesackers bis zum Grab getragen. Geführt von dem Gesandten folgten wir anderen paarweise, etwa ihrer zwölf, und standen am Grab und warfen die erste Handvoll Erde hinab, nachdem der enge schwarze Sarg hinuntergesenkt war unter den kirchlichen Feierlichkeiten. Es war ein Frühlingsmorgen, und der schmale Streif des Tibertales, den man übersah, lag glänzend und duftend im Strahl der Morgensonne.

15. April 2012

Lob des Alltags

Eine kleine Theologie des durchschnittlichen Lebens

Nicht wenige treibt gegenwärtig der Verdacht um, dass etwas mit uns und unserem Leben nicht stimmt. Sie spüren ein drängendes, aber auch unbestimmtes Unbehagen, dass bei uns und in unserer Gesellschaft etwas schiefläuft, dass etwas aus dem Lot geraten ist. Sie vermissen ein Gefühl für das rechte Maß, für die richtige Mitte, für das, was als normal gelten könnte. Zugegeben, das ist nicht originell. Zu allen Zeiten waren Menschen von solchen Sorgenstimmungen erfasst. Zumeist sind es diejenigen, die ihre Lebensmitte überschritten haben, die dieses Unbehagen verspüren. Kulturpessimismus ist bekanntlich eine der größten Versuchungen all derer, die älter als 45 oder 50 sind. Dieser Versuchung, die eigene Gegenwart abzuwerten, die Zukunft schwarz zu malen und eine Vergangenheit zurückzuwünschen, die es nie gegeben hat, ist unbedingt zu widerstehen. Dennoch lohnt es sich, einmal darüber nachzudenken, ob nicht tatsächlich der Sinn für das rechte Maß gelitten hat in den letzten Jahren, und ob es dafür nicht besondere Gründe und Ursachen gibt, die mit der Art zusammenhängen, wie wir unser Leben heute gestalten und organisieren.

Es kann einem doch auffallen, dass das Maßvolle, Mittlere, Normale und Gewöhnliche einen eigentümlichen Ansehensverlust erlitten hat. Was nur Durchschnitt ist, gilt offenbar nichts mehr. Denn alles muss großartig, einmalig und zum Staunen spektakulär sein. Besonders laut und grob verkündet natürlich die Reklame diesen Imperativ des Ungeheuerlichen. Was sie einem andrehen will, muss »mega«, »ultra« oder »Hammer«

sein – und was der sprachlichen Hässlichkeiten mehr ist. Auch nicht erstaunlich ist es, dass die Unterhaltungsindustrie alles, was sie dem vergnügungsbedürftigen Publikum verkaufen möchte, als Event, also als einmaliges, unwiederholbares Ereignis anpreist, das man auf gar keinen Fall verpassen darf. Marktschreierei ist halt ihr Metier. Und selbstverständlich können die Massenmedien auch nicht anders, als ihre Informationswaren in das Gewand des Sensationellen zu kleiden. Wer wollte sie ihnen denn sonst abnehmen? Doch verblüffend und bedenklich ist, dass Mega-Gier, »Eventitis« und Sensationswahn längst auf andere Branchen und Lebensbereiche übergegriffen haben. In der vormals vornehmen akademischen Welt zum Beispiel muss ebenfalls alles irgendwie exzellent sein, wenn es nicht verachtet und gestrichen werden will. So fragt sich der arme Bürger, der täglich diesen Pauken und Trompeten des Außergewöhnlichen ausgesetzt ist, ob mit ihm etwas nicht stimmt, nur weil er so gar nichts Spektakuläres vorzuweisen hat, weil er bloß einer unter vielen ist, weil alles, was er erlebt und hervorbringt, sehr alltäglich ist. Ob er sich dafür wohl schämen muss?

Schön wäre es nun, wenn man beispielsweise als Theologe einen passenden Bibelvers zur Hand hätte, um der bedrängenden Verpflichtung zum Außeralltäglichen etwas entgegenzusetzen – eine Ermahnung zur Gelassenheit, eine Ermunterung zur Normalität, eine Einladung zur Mäßigung. Doch leider bieten die großen Gestalten der religiösen Tradition genau das Gegenteil davon. Die Propheten des Alten Testaments verkündeten das Ende aller Alltäglichkeiten, das unmittelbare Kommen Gottes in Gericht und Rettung. Vermeintliche Normalitäten fegten sie davon. Auch Jesus hatte für das gewöhnliche Leben in Familie, Beruf und Gesellschaft im besten Falle ein desinteressiertes Schulterzucken übrig. Er hatte das alles längst hinter sich gelassen, um dem Reich Gottes entgegenzueilen, das bald da sein würde – ja, das schon da war, nur dass die stumpfen Diesseitsmenschen es noch nicht bemerkt hatten. Auch Paulus, sein bedeutendster Apostel, teilte diese messianische Normalitätsverachtung. Deshalb führte er wie Jesus ein ruheloses, obdachloses, eheloses Leben. Wer also bei den Propheten, bei Jesus und seinen Aposteln nachschlägt, wird wenig Hilfe für die Suche nach einem guten Alltag finden. Das kann auch gar nicht anders sein, denn der Lebens- und Denkraum dieser Großen des Glaubens ist das ganz Andere, die einmalige Offenbarung, der Einbruch Gottes in diese Welt, der religiöse Umsturz der Verhältnisse, das unbedingt Außeralltägliche.

Ein bisschen schade ist das schon, denn unsereins ist nun einmal ein Alltagswesen, das sich irgendwie in den gegebenen Verhältnissen zurechtzufinden versucht und das ein wenig Entspannung vom Zwang zur Außergewöhnlichkeit gut gebrauchen könnte.

Vielleicht jedoch kann man als Theologe in dieser Sache weiterkommen, wenn man nicht zur Bibel oder einem anderen klassischen Text greift, sondern einmal auf das eigene normale Leben und seine gewöhnlichen Bestandteile schaut – und dann etwas tut, was man eigentlich nicht tut, weil es sich nicht gehört, weil es irgendwie unerhört ist, nämlich, indem man dieses alltägliche Leben lobt und preist, indem man den Alltag lobt – gegen den Trend. Vielleicht versteht man ihn dann besser und wird ihm mehr gerecht. Das sei an dieser Stelle versucht – in sechs Schritten.

Schön ist es erstens und sehr zu loben, wenn man über den Ablauf eines Tages nicht viel nachdenken muss, weil man Routinen vertrauen kann und in einfachen Handgriffen beheimatet ist. Täglich grüßt das freundliche Murmeltier mit einem Becher Kaffee in der einen und einer druckfrischen Zeitung in der anderen Pfote. Dann folgen in schönster Regelhaftigkeit das immer gleiche Waschen und Ankleiden. Wie herrlich ist es doch, sich sorgfältig zu rasieren – ausgedehntes Zähneputzen, welch ein Glück.

Schön ist es zweitens und sehr zu loben, jeden Tag die gleichen Wege zu gehen, in schlafwandlerischer Sicherheit stets dasselbe Ziel anzusteuern, über rechts und links und geradeaus nicht weiter nachdenken zu müssen. Am schönsten ist dies natürlich, wenn die Wege nicht zu lang sind und mit umweltfreundlichen Beförderungsmitteln – den eigenen Füßen oder dem Fahrrad – bewältigt werden können. Das fördert den Kreislauf und erlaubt feine, beiläufige Beobachtungen zu Wetter und Jahreszeit. Und wie sollte eine Reise noch einen Genuss bereiten, wenn jeder Tag mit Aufbrüchen ins Ferne und Unbekannte verbunden wäre? Wie herrlich ist es doch, mit dem Rad selbst Regen und Gegenwind getrotzt zu haben – pünktliches Erscheinen am Arbeitsplatz, welch ein Glück.

Schön ist es drittens und sehr zu loben, wenn man einfach die Aufgaben annehmen und angehen kann, die der Tag einem so stellt. Wenn man schlicht tut, was zu tun ist, was einem vor die Füße fällt oder auf den Schreibtisch gelegt wird, ohne vorher langwierig darüber nachgedacht zu haben, wie sinnvoll es ist und wie glücklich es einen macht. Es erleichtert das eigene und das gemeinsame Leben doch erheblich, wenn Glücks- und Sinnfragen nicht beständig im Vordergrund herumstehen, sondern eher den Existenzhintergrund darstellen. Dann überfordert man weder sich noch die anderen mit überzogenen, selbstbezüglichen Erwartungen. Es ist ganz entspannend, einfach auch nur mal seine Pflicht zu tun und dies in einem guten Maß. Wie herrlich ist es doch, im Laufe eines Tages alle E-Mails zu beantworten – das digitale Postfach am Abend leergefegt zu haben, welch ein Glück.

Schön ist es viertens und sehr zu loben, wenn man zwischendurch eine kleine, kostengünstige Pause einlegen kann, indem man zwei Augenblicke lang schweigend aus dem Fenster schaut oder einfach etwas trinkt und isst, ohne dass dies etwas Besonderes oder mit überraschenden Eindrücken verbunden wäre. Man möchte sich doch entspannen. Weise ist es deshalb, dem Vorbild des Philosophen Ludwig Wittgenstein nachzufolgen, der gesagt haben soll: »Es ist mir gleichgültig, was ich esse. Hauptsache, es ist jeden Tag dasselbe.« Wie herrlich ist es doch, jeden Tag in dieselbe Kantine zu pilgern – anschließend ein kurzer Büroschlaf, welch ein Glück.

Schön ist es fünftens und sehr zu loben, bei all diesen Verrichtungen Menschen zu begegnen, Mitmenschen, die man mag und liebt, um die man sich sorgt, aber auch den anderen, die man respektiert und akzeptiert, mit denen man sich gelegentlich streitet. Ohne sie wäre der Tag stumm und still. Langweilig wäre es, sehr langweilig sogar, wenn man nur sich selbst hätte. Ab einem gewissen Alter kennt man sich ja zur Genüge, als dass die Selbsterfahrung noch Überraschungen zeitigen würde. Die Familie jedoch, die Freunde, Nachbarn und Kollegen bereiten einem dagegen, ohne dass man viel dafür getan hätte, garantiert mindestens zwei oder drei sinnvolle Erlebnisse pro Woche. Das ist keine schlechte Quote. Wie herrlich ist es doch, sich mit einem Geschäftskontrahenten am Ende freundlich zu einigen – an der Kaffeemaschine über den letzten Kinofilm zu plaudern, welch ein Glück.

Schön ist es schließlich sechstens und sehr zu loben, wenn man gelegentlich in Gedanken den Trott unterbricht, sich zwischendurch eine Fluchtfantasie gönnt, die Möglichkeit durchspielt, alles liegen zu lassen, von jetzt auf gleich aufzubrechen, um am anderen Ende der Welt ganz neu anzufangen. Und dann, weil das eben nicht möglich und auch nicht wirklich sinnvoll ist, zurückzukehren in den engen, aber stabilen Rahmen des eigenen Lebens. Um dort, wo man eben hingehört, den langen alltäglichen Tag zu beschließen und sich an dessen Ende den beiden Tätigkeiten hinzugeben, die uneingeschränkt als sinnvoll, genussreich und beglückend zu bezeichnen sind: Wie herrlich ist es doch, im eigenen Bett einzuschlafen – und dann im Traum erstaunliche Dinge zu erleben, welch ein Glück.

Soweit der kurze Lobgesang auf den Alltag. Eigentlich könnte ihn jeder anstimmen. Denn was er preist, kostet wenig und hat mit angestrengten Konsumbemühungen nichts zu tun. Übrigens ist er auf das Sympathischste ressourcenschonend und umweltverträglich. Dennoch will er den meisten nicht so leicht über die Lippen gleiten. Denn es braucht für ihn ein Bewusstsein für die kleinen Unterschiede. Die Wahrnehmung des Menschen vollzieht sich ja grundsätzlich dadurch, dass die Überschreitung von Reizschwellen bemerkt und bearbeitet wird: zum Beispiel der Wechsel von einer Temperatur zu einer anderen, von einer Jahreszeit zur anderen. Um den Alltag in seiner Schönheit schätzen zu können, muss man in der Lage sein, feine Übergänge wahrzunehmen. Diese werden nicht mit dem groben Hammer des Großereignisses zurechtgehauen, sondern mit einem zarten Pinsel gezeichnet. In der Behandlung von Depressionskranken setzen Therapeuten regelmäßig einen methodischen Baustein ein, der sich »Aufbau positiver Aktivitäten« nennt. Sie erarbeiten mit den Patienten Listen mit kleinen Dingen und beiläufigen Handlungen, die den Alltag dennoch sehr angenehm machen. Die Patienten sind zunächst überrascht, welch banale Details diese Listen enthalten: sich einen Tee machen, eine Freundin anrufen, im Winter eine Kerze anzünden, im Sommer sich einen Blumenstrauß auf den Tisch stellen. Wenn sie sich aber darauf eingelassen haben, machen viele Depressionskranke die Erfahrung, dass gerade diese kleinen Dinge das eigene Lebenserleben zum Guten verändern. Nun sind natürlich nicht alle, die ihren Alltag selten zum Jubeln finden, in einem krankhaften Sinne depressiv. Dennoch könnten auch sie es einmal versuchen, solch kleine Veränderungen vorzunehmen und dann auch wahrzunehmen.

Denn nichts ist selbstverständlich, gerade das Selbstverständliche ist es nicht. Es gibt so viele Voraussetzungen, die erfüllt sein müssen, damit ein Mensch ein normales Leben führen kann: Er braucht Frieden und rechtlichen Schutz, Mitmenschen, die er mag und die ihn ebenfalls mögen, einen Ort zum Wohnen, eine Ausbildung und dann einen Beruf, der ihm Sinnerfahrungen eröffnet und der so bezahlt wird, dass er seine Lebensmittel erwerben kann – Voraussetzungen, die noch nicht für jeden gegeben sind. Umso wichtiger, dass man sich dafür einsetzt, dass diese Selbstverständlichkeiten für alle selbstverständlich werden. Umso wichtiger aber auch, dass man sie nicht für selbstverständlich nimmt, wenn sie einem zuteil geworden sind. Wie sollte man sonst dankbar sein, was doch eines der beglückendsten Gefühle ist, die ein Mensch haben kann? Und wie sollte man sonst ein Bewusstsein dafür entwickeln, dass man genug hat und nicht mehr braucht? Zu vielen Zeitgenossen scheint die Fähigkeit abhandengekommen zu sein, sich mit dem eigenen alltäglichen Leben zufrieden zu geben. Viele können sich einen Tag ohne Sonderereignis kaum mehr vorstellen.

Unvergessen die junge Erzieherin, die morgens die Kinder in Empfang nimmt, sich dabei sehr auf einen gemeinsamen Kindergartentag freut, wenn da nicht die Eltern wären, die sie sogleich mit der sicherlich nett gemeinten, aber doch recht lästigen Frage bedrängen: »Und, was machen Sie heute?« Im Hintergrund dieser nur scheinbar harmlosen Fragen lauert nicht selten die unangemessene Erwartung, dass heute etwas ganz Erstaunliches geschehen müsste: eine Stunde Mandarin für Elementarkinder, irgendwas mit Bungeejumping, zumindest ein Trommelkurs. Am liebsten würde die Erzieherin antworten: »Also heute machen wir gar nichts. Heute ist Alltag. Zuerst erzählen wir uns etwas. Dann essen und trinken wir, wobei wir uns vorher und nachher die Hände waschen. Wenn es nicht regnet, gehen wir raus. Sonst bleiben wir drinnen und spielen. Und streiten uns dabei so wenig wie möglich. Am Ende des Kindergartentages gehen wir dann alle müde nach Hause und freuen uns auf morgen. Also, das machen wir heute.« Aber natürlich würde sie das den Eltern ihrer Gruppe niemals sagen. Den Mut bringt sie nicht auf. Sie würde wohl auch auf kein Verständnis stoßen.

Dabei ist doch gerade das Hineinwachsen in einen guten, gesunden Alltag das Lebensentscheidende. Event kann jeder. Auf den Alltag kommt es an. Vor allem dann, wenn Menschen dauerhaft und verbindlich miteinander leben. Das kann man am Beispiel des Zusammenlebens mit Kindern besonders deutlich sehen. Ihr Wachsen und Gedeihen hängt vom gemeinsamen Alltag ab: den regelmäßigen Vollzügen, dem geordneten Rhythmus, den verlässlichen Abläufen. Das ist viel wichtiger als die vermeintliche »quality time«, die anderweitig beschäftigte und interessierte Eltern gern ins Feld führen, um sich von ihren Grundaufgaben zu entlasten. Nicht die außergewöhnliche »quality time« bindet Eltern und Kinder zusammen, sondern das alltägliche Aufwecken, Anziehen, Frühstückmachen, Zähneputzen, Hierhin- oder Dorthin-Bringen, später wieder das Abholen, Abendbrotessen, noch einmal Zähneputzen und dann Zu-Bett-Bringen. Dies alles treu und dabei zugewandt zu erledigen, ist die eigentliche Bewährungsprobe einer Familie. Für kleine Kinder ist der normale Tagesablauf anspruchsvoll und anstrengend genug. Auch hält er für sie Überraschungen in Fülle bereit. Bei jedem Gang zum Bäcker können sie noch Entdeckungen machen.

Auch für Jugendliche ist es keineswegs schädlich, wenn das Familienleben einer vertrauten Routine folgt. Dann nämlich können sie aufbrechen, ausbrechen, Neues ausprobieren, danach aber zum gewohnt Erwartbaren zurückkehren, wenn ihnen danach ist. Gerade für Familienmitglieder in der Adoleszenz ist bekanntlich wenig so peinigend wie Eltern, die unkonventioneller sind als sie selbst. Wie sollten sie rebellieren, wenn ihnen ihre Eltern nicht den Gefallen täten, Spießer zu sein?

So ganz schädlich können deshalb die alten Spießertugenden nicht sein – wie Pünktlichkeit, Verlässlichkeit, Ehrlichkeit, Fleiß, Durchhaltevermögen, Respekt, Höflichkeit. Leider hat sich Jesus von Nazareth in seiner Bergpredigt diesen Tugenden nicht gewidmet. Wahrscheinlich erschienen sie ihm zu alltäglich, zu wenig erstaunlich. Dabei sind sie, obwohl sie doch das ethische Fundament des alltäglichen Lebens bilden, inzwischen ziemlich selten geworden. Man wundert sich geradezu, wenn man ihnen begegnet.

Gute Alltäglichkeit also entscheidet über das Gelingen des persönlichen, familiären, beruflichen und gesellschaftlichen Lebens – und auch über das Leben einer Kirchengemeinde. Wer eine Gemeinde kennenlernen und sich ein Urteil über sie bilden möchte, sollte sie an einem ganz alltäglichen Sonntag besuchen. Eine gute christliche Gemeinde erkennt man daran: Es sind

Menschen da – die genaue Anzahl ist jetzt nicht so wichtig –, die Pastorin ist bei der Sache, der Kirchenmusiker hat sich vorbereitet. Es kommt ein gemeinsamer Gesang zustande. Die Predigt ist verständlich und enthält einen, bitte nur einen relevanten Gedanken. Konzentriert und gelassen finden alle in Stille und Gebet hinein und nutzen die günstige Gelegenheit, Abstand zu ihrem alltäglichen Leben zu gewinnen und das in Dankbarkeit zu bedenken, was es für sie an Kostbarkeiten bereithält.

14. April 2013

Fragen, die nicht vergehen

Über die Aktualität alter Fragen

Es ist heute üblich geworden, alle möglichen Menschen zu allen möglichen Themen zu befragen. Unternehmen erkundigen sich bei ihren Mitarbeitern und Kunden, ob sie auch wirklich zufrieden sind. Parteien lassen ihre Mitglieder darüber abstimmen, welche Koalition sie eingehen sollen. Sogar die katholische Kirche lässt ihre Mitglieder im Internet Fragebögen darüber ausfüllen, inwiefern ihnen die amtliche Sexualmoral noch einleuchtet. So sammelt man überall per Telefon, Briefabstimmung oder Internet Antworten auf vorgefertigte Fragen ein. Das ist sicherlich begrüßenswert, zeigt es doch, dass die politischen, wirtschaftlichen und kirchlichen Entscheidungsträger eine Beteiligung der Bürger, Kunden und Mitglieder wünschen. Allerdings übersieht man dabei etwas Entscheidendes: Es sind doch zumeist die Fragen interessanter als die Antworten. Was einem einzelnen Menschen und einer Institution einen hilfreichen Impuls und eine heilsame Irritation verleiht, ist viel seltener eine abgefragte Antwort als eine Frage, mit der man nicht gerechnet hätte. Vielleicht aber befürchten Leitungsmenschen genau dies, weshalb sie die Fragen dann lieber doch selbst vorgeben – weshalb es mit der allseits beschworenen »Beteiligungskultur« dann doch nicht so weit her ist.

Vor einhundert Jahren aber hat es ein Dorfpastor aus dem Hamburger Umland gewagt, den umgekehrten Weg einzuschlagen: Er hat seine Gemeindeglieder gebeten, ihm ihre Fragen mitzuteilen. Was dabei herauskam, ist es wert, dem Vergessen entrissen zu werden. Denn die klugen und geistreichen Fragen, die ihm seine Bauern damals stellten, sind es immer noch wert, bedacht zu werden.

Wie habe ich davon erfahren? Ein freundlicher Mensch hat mir im vergangenen Jahr ein kleines Buch geschenkt. Eigentlich ist es eher eine Broschüre – dünn, grau und stockfleckig. Auch der Titel ist nicht gerade reißerisch geraten: »Meine Gemeinde und ich. Gedanken und Versuche eines Landpastors«, erschienen in der Reihe »Schriften zur Dorfkirche«, in der Deutschen Landbuchhandlung, im Jahre 1910. Das ist nicht eben das, was man einem Buchhändler aus den Händen reißen würde. Auch sagte mir der Name des Autors gar nichts: »Fritz Siems, Pastor in Garstedt bei Hamburg«. Da ich aber den Menschen, der mir dieses Büchlein geschickt hat, als jemanden kenne, der immer für eine Überraschung gut ist, nahm ich es mir gleich vor. Auch löste die Ortsangabe freundliche familiengeschichtliche Assoziationen aus: In Garstedt war die Familie meiner Mutter unmittelbar nach dem Krieg untergekommen – der unzerbombten Häuser und guten Ernährungslage wegen. Für einige Monate durfte mein Großvater dort den Bürgermeister geben.

Über den Pastor Fritz Siems weiß ich kaum etwas. Wenn man den Namen bei Google eingibt, erhält man wenige und widersprüchliche Hinweise: auf einen Berliner Pastor, der 1933 der NSDAP beigetreten ist, der aber auch der Bekennenden Kirche angehörte und verfolgten Juden half. Ob er mit meinem Garstedter Pastor identisch ist? Eine flüchtige Suche in kirchlichen Archiven brachte keine nähere Aufklärung. Das mag auch daran liegen, dass es die Garstedter Kirche nicht mehr gibt. Das Dorf ging irgendwann im Hamburger Stadtteil Norderstedt auf, und die Kirche wurde wegen Baufälligkeit abgerissen. Was ich also über Fritz Siems weiß, habe ich nur aus diesem, seinem einzigen Buch. Doch das ist erstaunlich genug. Er muss für die damalige Zeit ein ungewöhnlich unklerikaler Pastor gewesen sein – offen für Fragen seiner Zeit und wach für die Bedürfnisse seiner Gemeindeglieder. Mit dem Kirchbesuch scheint es auch vor 100 Jahren nicht weit her gewesen zu sein. Darum musste sich Pastor Siems einiges ausdenken, um die Gläubigen zu locken. So veranstaltete er regelmäßig Abende mit Vorträgen zu wichtigen Lebensfragen. Die Themen lauteten zum Beispiel:

»Unser Wasser und unsere Milch, ihre Gefahren und ihre Behandlung«, »Was muss der gemeine Mann wissen von der Juristerei?«, »Warum ist die Frau das Stiefkind der Kirche?«, »Typhus und Cholera«, »Ein Blick in unsere Viehställe, wie sie sind und wie sie sein sollen«.

Eines Tages kam Pastor Siems eine noch bessere Idee. Er brachte an der Kirchentür einen großen Kasten an. Mit Schloss und Schlitz. Auf ihm stand geschrieben: »Wer hat etwas zu fragen?« In diesen Kasten konnten die Garstedter Zettel stecken, auf die sie das schreiben sollten, was sie immer schon einmal wissen wollten, aber zu fragen sich nie getraut hatten. Der Kasten sollte für die Gemeinde ein Ventil für all das sein, was sonst nicht an die Oberfläche kam – Stimmungen und Verstimmungen, Vorschläge und Klagen. Alle Fragen, ganz gleich ob religiös oder ärztlich, juristisch oder politisch, alle Beschwerden gegen den Pastor, den Kirchenvorstand oder auch den Totengräber, waren willkommen. Eine namentliche Unterschrift war nicht erforderlich. Pastor Siems sammelte diese Fragen, überlegte sich, wie er sie beantworten würde, und lud dann zu Gemeindeabenden ein, in denen beides, die Fragen und Antworten, vorgestellt und diskutiert wurden. Leider sind seine Antworten nicht erhalten. Wahrscheinlich fand Pastor Siems sie nicht so bedeutsam – jedenfalls nicht so interessant wie die Fragen seiner Gemeinde.

Die nämlich hat er in seinem Büchlein für die Nachwelt aufbewahrt.

Wie er auf diese Idee gekommen ist, weiß ich nicht. Ob er sich von Jesus von Nazareth selbst hat inspirieren lassen? Viele neutestamentliche Geschichten beginnen damit, dass Menschen Jesus eine Frage stellen oder von ihm etwas wissen wollen. Andererseits war Jesus für viele, die ihm begegneten, selbst eine große Frage: Er erstaunte oder verärgerte sie, sie wunderten sich über ihn oder nahmen Anstoß an ihm. Die Frage also ist eine sprachliche Grundform des Evangeliums.

Viele Fragen der Garstedter Bauern nun waren zunächst gar nicht religiös oder kirchlich. Sie beschäftigten sich mit Näherliegendem, zum Beispiel Gesundheitssorgen: »Ist die Milch von tuberkulösen Kühen gefährlich für Menschen? Wenn sie durch Kochen unschädlich gemacht werden kann, wie steht es mit der Butter aus solcher Milch?«

Oder der Geistliche aus Garstedt bei Hamburg wurde gefragt: »Wie geht es zu, dass ich abends immer so früh müde bin und morgens doch noch nicht ausgeschlafen habe?«

Und einer, der seinen Zettel mit »Ein Landmann« unterzeichnet hat, scheint all seinen Mut zusammengenommen zu haben, um seinem Pastor diese Frage zu stellen: »Ich frage hiermit höflichst an, was das Wort ›homosexuell‹ bedeutet?«

Andere kleine Anfragen betrafen das Soziale im Dorf oder den Umgang mit Tieren: »Ist es nicht der Gesundheit schädlich, Dienstboten in feuchten Zimmern oder gar im Keller schlafen zu lassen, was sogar bei Leuten besser situierten Standes der Fall ist?« Oder: »Ist nicht das Rupfen lebender Gänse eine der schlimmsten Tierquälereien und gereicht solches nicht auch dem Züchter zum Schaden?«

Weiteres beweist, dass die Bauern die Arbeit ihres Kirchenvorstands sehr genau beobachteten: »Warum wird für Amtshandlungen in der Kirche, die extra bezahlt werden müssen, nicht geheizt?« Oder: »Ich möchte anfragen, wer die Kollekte bei dem Gemeindeabend für die bei dem Feuer in Garstedt geschädigten Dienstboten gebracht hat.«

Manche brachten einfach liebenswürdige kleine Wünsche vor: »Lieber Herr Pastor! Wäre es nicht nett, wenn Sie sich einmal mit Ihren Konfirmanden fotografieren lassen?«

Und was die Glaubensfragen angeht, so waren einige ganz kurz und schlicht: »Welches sind die ältesten Handschriften der Bibel, und wo befinden sich diese?«

Andere eröffneten dabei ein weites, konfliktreiches Feld. Ein selbst erklärter »Sozialdemokrat« etwa fragte: »Kann ein waschechter Sozialdemokrat nicht zugleich ein guter Christ sein? Ich lasse nicht von meinem christlichen Glauben.«

Sehr lange könnte man hierüber räsonieren: »Die liberalen Pastoren schreiben so viel, warum geben sie nicht mal ein liberales Gesangbuch heraus? Warum singen wir noch immer fromme Lieder aus dem 12. und 13. Jahrhundert?«

Viele Zettel enthielten keine Fragen, die eine Antwort wollten, sondern die eine Kritik formulierten. Sie sind besonders interessant. Pastor Siems hat seiner Gemeinde keine von ihnen vorenthalten. Das schreibt zum Beispiel »Ein Zweifler«:

Was gibt der christlichen Religion das Recht, sich die allein selig machende zu nennen? Setzt sie sich nicht mit sich selbst in Widerspruch? Sollte Gott der Allwissende, der Allgütige, der alles gleich liebende, alle Andersgläubigen zu ewiger Nacht verdammt und nur einem

Bruchteile seiner irdischen Geschöpfe vergönnt haben, sich der Wohltat seiner Liebe zu freuen?

Sehr schön ist auch die Frage, warum die evangelische Kirche die Kinder aus unterschiedlichen Schichten unterschiedlich unterrichtet:

Weshalb wird in Preußen in der Volkschule die mosaische Schöpfungskunde als wahr gelehrt, dagegen in den Gymnasien und höheren Schulen als Sage? Es kann doch nur eine Wahrheit geben. Und weshalb bekämpft die Geistlichkeit nicht die in unserm Volke vorhandene Unwahrheit, da sie doch sowohl im höheren als auch im niederen Schulwesen Mitglied der Aufsichtsbehörde ist?

Manche Bauern wiederum schrieben lange Betrachtungen, in die das moderne Denken tief eingedrungen war und die die Spannung zwischen christlichem Glauben und neuzeitlichem Wahrheitsbewusstsein ausmaßen. Dabei brachten sie eine kluge Kritik des dogmatischen Kirchenglaubens vor, versuchten aber zugleich, Grundelemente der Religion zu bewahren:

Wenn ich in einer sternklaren Nacht zum Himmel sehe und ich das Weltall mit den unzähligen Himmelskörpern betrachte und mich dann im Geiste nach dem entferntesten Stern, den mein Auge zu sehen glaubt, versetze und ich dann auf diesem Weltkörper angekommen, wieder die Wahrnehmung mache, dass ich jetzt wieder genau so viele Sterne sehe wie drüben in meiner Heimat auf der Erde, so kommt es mir so kleinlich, ja egoistisch vor, zu glauben, dass Gott der Schöpfer, der allmächtige Beherrscher dieses Weltalls, dessen Raum keine Grenzen hat, und für die Zahl der Weltkörper es keine Ziffern gibt, uns Bewohner der unbedeutenden kleinen Erde seinen eingeborenen Sohn gab, und dann erst vor 1900 Jahren, und wenn ferner dieser Sohn des allmächtigen Gottes, der des Vaters Macht besaß, spricht, als ihn die kleinen Menschen auf der kleinen Erde ans Kreuz schlugen: Mein Gott, mein Gott, warum hast Du mich verlassen?! – dann kann ich, sehr geehrter Herr Pastor, es nicht glauben, dass Christus Gottes Sohn gewesen ist. Und ebenso wenig vermag ich es nicht zu fassen, dass wir Menschen für alle Zeiten hinaus durch den Tod dieses Mannes Vergebung der Sünden erhalten, und zwar nur einfach dadurch, dass wir an ihn glauben. Dass es einen Gott gibt, davon bin ich überzeugt und davon müsste jeder Mensch, der das Weltall in seiner unfassbaren Größe betrachtet, überzeugt sein. Aber mit dem Gottessohn das vermag ich nicht zu fassen. Warum lehrt uns die Kirche etwas, was mit unserem Verstande im Widerspruch steht?

Es galt schon damals, was auch heute gilt: Nur weil Menschen ihre Häuser und Höfe in einem Dorf stehen haben, müssen sie keineswegs hinter dem Mond leben. Bauern stellen, wenn sie die Chance haben, genau die gleichen ernsten Fragen wie die vermeintlich so fortschrittlichen Städter. Sie sind nicht von Natur aus konservativer, sondern fragen sich ebenso, ob und wie sie heute und morgen noch glauben können:

Befinden wir uns bereits am Ende unserer christlichen Religion? Oder stehen wir am Anfang einer neuen Epoche? Was ist die Ursache der gegenwärtigen Bewegung? War denn die althergebrachte gute christliche Lehre, die doch so manchem müden Erdenpilger Trost und Erquickung gebracht hat, nicht mehr haltbar? War Faules an ihr, etwas, das gewissermaßen als Bazillus die heutige Gärung heraufbeschworen hat? Wird das Gebäude der christlichen Kirche der Krisis standhalten? Und, wenn aus diesem Gärungsprozesse ein neues, reines, ungetrübtes und parasitenfreies Produkt hervorgeht, was wird diese moderne, von jedem Wunderglauben und jeder Poesie freie Religion uns bringen? Werden wir sie noch als ›Religion‹ bezeichnen können? Und wird sie bei der Menschheit, die sich nun doch einmal eine Religion ohne Wunderglauben, ohne mystisches Dunkel nicht vorstellen kann, lebensfähig sein? Wenn letzteres wirklich der Fall sein sollte, wird sie – die moderne Lehre – unser Dasein verschönern, erleichtern? Werden wir in trüben, schweren Stunden Trost, Halt und Hort in ihr finden? Und wird sie uns auf unserem Lebenswege ein Wegweiser sein? Was ist in kurzen Strichen die moderne Religion? Kennt sie das Vorhandensein eines waltenden, vollkommenen, höheren Wesens an?

Auch diese über einhundert Jahre alte Frage eines unbekannten Garstedter Bauern ist noch keineswegs erledigt, im Gegenteil. In seinen nicht erhaltenen Antworten auf diesen Kessel Buntes an Fragen folgte Pastor Siems dieser selbstgewählten Maxime: »Immer und immer wieder in den Antworten fein, ganz fein und zart, aber zielbewusst hinüber ins religiöse Gebiet. Nicht mit Knuten, aber doch so, dass die Leute aus einem solchen Gemeindeabend mehr religiöse Gedanken mit nach Hause nehmen als aus mancher offiziellen Predigt. Sie merkten es kaum, weil sie nicht eine plumpe Absichtlichkeit merkten und waren dankbar dafür, denn das Menschenherz sehnt sich nach Religion, nach einer Welt des Wahren, Festen, Ewigen über dieser Welt des Scheins und der Vergänglichkeit und des Tappens, auch wenn der Mund es nicht wahrhaben will.«

Dann aber drehte Pastor Siems den Spieß um. Er stellte nun seiner Gemeinde eine Frage und bat darum,

Antworten in den Kasten neben der Kirchentür einzuwerfen. Die Frage lautete ganz schlicht: »Warum gehe ich nicht in die Kirche?« Dazu hatten viele etwas zu sagen.

Einige konnten sich kurz halten:

Solange noch eine Kanone gegossen wird, solange noch ein Mensch einen andern tötet, ist keine Religion auf der Welt; solange noch ein Geistlicher einen Menschen schwören lässt, auf Kommando seinen Bruder zu töten, ist alles Kirchentum eitel Lüge.

Andere Antworten waren etwas simpler:

Wir gehen gern zum Gottesdienst, aber des Sonntags vormittags ist für meine Frau sowie auch für mich eine ungünstige Zeit. Weil wir ziemlich weit von der Kirche entfernt wohnen. Des Morgens haben wir unser Vieh zu füttern, wir sind nur zwei alleinstehende Leute. Es würde des Sonntags nachmittags oder des Abends nach 8 Uhr eine günstigere Zeit für uns sein.

Manch einer suchte erst gar nicht nach Ausreden oder ausschweifenden Erklärungen:

Ich bin kein Gegner der Kirche und höre Gottes Wort gerne, gebe auch sehr viel auf Pastor Siems seine Predigt. Der Grund, dass ich nicht so oft zur Kirche gehe, ist Gemütlichkeit, Trägheit und Faulheit. Das klingt zwar grob, doch da ich nur Wahrheit liebe, gestehe ich sie unumwunden ein.

Ein anderer schließlich war auch ehrlich, aber doch etwas tiefschürfender:

Ich gehe so wenig in die Kirche, weil ich an keinen welterbauenden und weltzerstörenden Gott glauben kann. Und doch glaube ich Etwas. Ich glaube an eine Liebe, die alles umschlingt. Eine Liebe, frei von allem Mystischen, die Liebe ist mächtig, und von jedem geübt und dem Höchsten wie dem Niedrigsten erwiesen, kann sie auf Erden ein Paradies schaffen. Würde das von allen Kanzeln gepredigt, wie Sie es meiner Auffassung nach gerne möchten und, soweit das Konsistorium Ihnen die Freiheit lässt, auch tun, würden die Menschen dem Lehrer folgen, gewiss, wir würden dem Frieden auf Erden und der Glückseligkeit immer näherkommen. Ich möchte wünschen, dass die Gemeinde erkennen würde, was für einen nach Wahrheit strebenden, nur das Beste wollenden Pastor sie in Ihnen besitzt.

Dem hätte ein anderer sicherlich zugestimmt. Er schrieb Pastor Siems:

Bei allem, was der Mensch tut, denkt er zunächst an das Geschäft: »Was bekomme ich dafür?« So verhält es sich auch mit der Religion. So wird unser Gott von den Frommen angebetet, damit sie aus der Zugehörigkeit zu ihm ihren Nutzen ziehen. Ihr Acker wird vielfältige Frucht tragen, das Geschäft sich gedeihlich entwickeln, wenn Gottes Segen auf allen ihren Werken ruht. Und dann winkt noch die ewige Seligkeit. Die will der Fromme haben. Zwar muss er noch eine gefährliche Klippe passieren, nämlich das Jüngste Gericht. Dieses fürchtet der Fromme, denn er hat vieles auf dem Kerbholz. Über die stete Verehrung seines Gottes hat er nämlich seine Mitmenschen vergessen. Und nun könnte das Jüngste Gericht für ihn verhängnisvoll werden. Aber unsere Orthodoxie hat über diese Klippe eine herrliche goldene Brücke gebaut, nämlich das Evangelium, das nach or-

thodoxer Auslegung dahin lautet, dass alle, die an Jesus Christus glauben, das ewige Leben haben werden. So hat Pastor X. in Garstedt das Evangelium verkündet. Sonntag für Sonntag wurde es der Gemeinde gesagt, man brauche nur zu glauben und fleißig zur Kirche zu gehen und ein jeder werde selig. Und siehe da, alle kamen und hörten die frohe Botschaft. Die alten Sünder, in deren Erwerbsleben Lug und Trug zum Geschäft gehörte, sangen mit verzückten Gesichtern fromme Weisen. Nach einigen Jahren kamen Sie und predigten das gerade Gegenteil. Sie predigten von einem Christentum auf moralischer Basis, von Pflichttreue und Gerechtigkeit und Nachsichtüben und ließen durchblicken, dass der Glaube allein nicht genüge. Dass man Recht gegen seine Mitmenschen tun soll, das sagt ja schon das eigene Gewissen und wenn es der Pastor auch noch predigt, dann wird man ja noch mehr beunruhigt. Mich wundert es also gar nicht, wenn der Kirchenbesuch weniger geworden ist. Doch ich möchte Ihnen raten: Predigen Sie das liberale, pardon, ich wollte sagen, das wahre Christentum weiter. Lieber ein schwacher Kirchenbesuch, als die Auswüchse des schleichenden Pharisäismus.

Nachdem Pastor Siems dies gelesen hat, dürfte er weniger betrübt in die gelichteten Reihen seiner kleinen Sonntagsgemeinde geblickt haben. Und ich überlege mir, ob ich nicht auch einmal einen großen Kasten neben meiner Kirchentür anbringen sollte.

23. Februar 2014

»Ich bilde eine Religionsgemeinschaft für mich«
Eine Erinnerung an Julius Wellhausen

An die bedeutenden Menschen der Vergangenheit wird meist nur gedacht, wenn sie zufällig einen runden Geburts- oder Todestag haben. Dann wird für ein Jahr die Gedächtnismaschinerie und die posthume Zweit-, Dritt- oder Viertverwertung angeleiert. Ob Komponist, Schriftsteller oder Gelehrter – es rattert gewaltig, der tote Klassiker entsteigt dem Grab, und das geneigte Publikum erinnert sich wieder, für einen Moment. Gedanklich springt dabei selten etwas heraus. Im nächsten Jahr ist ja schon der nächste dran. Und was ist ein Klassiker? Ein Klassiker ist ein großer Toter, dessen Namen man wohl kennt, dessen Werke man aber nicht zur Kenntnis nehmen würde, wenn die Erinnerungsindustrie es einem nicht eine Saison lang aufdrängen würde.

Dabei könnte es sich lohnen, gelegentlich mit einem eigenen inhaltlichen Interesse in den Brunnen der Geschichte zu steigen und sich umzuschauen. Man kann dort nämlich Personen und Werken begegnen, die interessanter sind als vieles, was aktuell so angeboten wird. Zudem besteht angenehmerweise keine Versuchung, sie nachzuahmen oder ihnen ähnlich zu werden. Denn diese Klassiker sind Genossen einer anderen, nicht der eigenen Zeit. Sie sind fern und fremd, können einem dann aber doch überraschend nahekommen. Das ist eine schöne Paradoxie, wenn ein Klassiker einem gerade mit seiner Andersartigkeit vertraut wird. So kann es einem mit Julius Wellhausen ergehen.

Er ist heute nur noch theologischen Experten und Philologen des Alten Orients bekannt. Dabei war er einer der größten deutschen Gelehrten des 19. Jahrhunderts. Er hat die Deutung der Bibel revolutioniert, für die evangelische Theologie ein neues Zeitalter eingeläutet, sie dann aber verlassen, um in der Erforschung des frühen Islam Grundlegendes zu leisten. Julius Wellhausen wirkte weit über sein eigenes Fach, das Alte Testament, hinaus, blieb dabei aber einer der großen Einzelgänger der deutschen Geistesgeschichte.

In einer opulenten Sammlung seiner Briefe kann man ihn jetzt näher kennenlernen. Rudolf Smend, der Nestor der alttestamentlichen Wissenschaft in Deutschland, hat in jahrzehntelanger Arbeit etwa eintausend Briefe von Wellhausen gesammelt und für den Verlag Mohr Siebeck in einem prächtigen Band herausgebracht. Wer in diesem herrlichen Buch liest, erhält eine Ahnung davon, was einen wirklich bedeutenden Wissenschaftler ausmacht. Zugleich wird er vor die immer noch bohrende Frage gestellt, ob und wie man als moderner Mensch ein Christ sein kann. Es ist eine anregende, manchmal anrührende und oft amüsante Lektüre, in der man einen kritischen, unbestechlichen, witzigen, freien Geist kennenlernt.

Wer war Julius Wellhausen? Am 17. Mai 1844 wurde er in Hameln geboren, wo sein Vater als Pastor wirkte. Er wuchs im engen Rahmen orthodoxer Kirchlichkeit auf. Daraus sollte er sich später befreien. Gern aber bewahrte er sich das bäuerlich-kleinstädtische Erbe seiner Heimat: eine schlichte Art ohne Anmaßung und Getue, ehrlich und klar, gelegentlich gewürzt mit einer kräftigen Prise bärbeißigem Humor. In der Wahl des Studienfachs folgte er seinem Vater, ging aber bald eigene Wege. Nach dem Theologiestudium in Göttingen wurde er 1872 Professor für Altes Testament in Greifswald. Nach wichtigen Vorstudien erschien 1878 seine »Geschichte Israels«, in der er die historisch-kritische Methode konsequent auf die Bibel anwandte. Dies führte dazu, dass er für die Erforschung der Geschichte des alten Israel eine

»kopernikanische Wende« einleitete. Denn Wellhausen drehte das bisherige, kanonische Geschichtsbild um: Am Anfang der Religionsgeschichte Israels stehen für ihn nicht mehr Mose und sein Gesetz, sondern die Propheten, die einen neuen Glauben begründen. Ihr ethischer Monotheismus sollte erst später in der – nur vermeintlich von Mose stammenden – Thora seine Kodifizierung erhalten. Mit dieser Umkehrung des Geschichtsbildes – nicht das Gesetz des Mose steht am Anfang, sondern die Predigt der Propheten – hat Wellhausen Epoche gemacht. Er beflügelte die weitere Forschung, verschaffte aber der herkömmlichen kirchlichen Theologie eine massive Verstörung, was ihm wütende Kritiken und Vorwürfe eintrug. Diese Anfeindungen, vor allem aber eigene Gewissenskonflikte führten ihn aus der Theologie heraus. Da er es nicht mehr mit seinem Gewissen vereinbaren konnte, zukünftige Pastoren einer orthodoxen Kirche auszubilden, er theologischen Liberalisierungsversuchen jedoch auch nichts zutraute, wechselte er 1882 in die Orientalistik, erst nach Halle, dann nach Marburg. Erwähnt sei noch, dass er mit seiner »Einleitung in die ersten drei Evangelien« von 1905 eine immer noch unausgeschöpfte Kritik der liberalen Leben-Jesu-Forschung vorlegte. 1918 ist er mit 73 Jahren gestorben.

Seine Briefe nun geben Einblick in eine große Zeit alter deutscher Gelehrsamkeit. Sie richten sich an Freunde und Verwandte sowie an Größen der damaligen akademischen Welt wie den preußischen Kulturpolitiker Friedrich Althoff, den Althistoriker Theodor Mommsen, den Islamkundler Ignaz Goldziher oder den Kulturprotestanten Adolf von Harnack. Den inneren Faden dieser Korrespondenz bilden – damals ganz ungewöhnlich – die Briefe an zwei Fachfreunde im Ausland: den Holländer Abraham Kuenen und den Schotten William Robertson Smith. Wellhausen bekannte:

Ich fühle mich gar nicht sehr wohl unter der Gesellschaft meiner deutschen Kollegen, und obwohl ich ein guter Preuße bin, wäre ich doch viel lieber in Paris, London und Leiden.

Besonders die britische Hauptstadt hatte es ihm angetan. Zwar wären in Berlin die Häuser und Plätze schöner, aber die Straßen wären hier so öde:

Es fehlt ganz das vergnügte Treiben, Mensch und Tier sehen verdrossener aus, namentlich die Droschkengäule. Statt des lässigen Sichgehenlassens und Spielens in den Londoner Parks sieht man im Tiergarten nur geputzte Kindermädchen und militärische Spaziergänger.

Mit Robertson Smith tauschte Wellhausen sich nicht nur fachlich aus, sondern er begleitete ihn fast wie ein Seelsorger. Denn als historischer Theologe war Robertson Smith von seiner Kirche mit einem Ketzerprozess überzogen und als Professor abgesetzt worden – ein Schicksal, das Wellhausen gut kannte, weshalb er ja in die Orientalistik gewechselt war.

In seiner Arbeit kannte Wellhausen keine Kompromisse. Unbedingt und unbeirrt wollte er nur der Sache dienen. Sein Credo lautete: »Die Wissenschaft ist vor allen Dingen Selbstverleugnung.«

So fokussierte er sich auf präzise Sacharbeit, gestattete sich keine Eitelkeit, hielt sich vom akademischen Betrieb fern und bewahrte dadurch seine Unabhängigkeit. Noch etwas anderes ermöglichte es ihm, Abstand zu halten – er nannte es seine »angeborene Faulheit«:

Ich wünsche mir manchmal, dass ich fleißiger wäre und die Wissenschaft mich etwas mehr interessierte, als sie es tut. Aber mir sitzt der Kopf immer voll von ande-

ren und höchst törichten Dingen; und es kommt mir manchmal ganz verrückt vor, dass andere Leute auf Meinungen und Ausführungen von mir etwas geben, die mir selbst ganz gleichgültig sind. Es ist ein schauderhafter Zustand, hoffentlich dauert er nicht ewig, obwohl er schon Jahre gedauert hat. Ein Vorteil ist freilich dabei – blind gegen meine Hypothesen bin ich nicht.

So blieb er streng gegen sich selbst und immun gegen die wichtigsten Berufskrankheiten der Professoren: Eitelkeit und Selbstgefälligkeit, sture Emsigkeit und gedankenlosen Fleiß. Eines verachtete er besonders, nämlich: »die unfruchtbare Kleinigkeitssammelei der deutschen Orientalisten, die gar nicht wissen, was sie mit ihrer Gelehrsamkeit anfangen sollen, die überhaupt nie in ihrem Leben ein wirkliches Problem gehabt haben.« Diese kluge Faulheit zeigte sich auch daran, wie er an seine Deutung des Neuen Testaments ging:

Ich habe in den Weihnachtsferien meine Nase in die Evangelien gesteckt. Wenn nur die vielen Exegeten nicht wären. Ich wundere mich stets über deren Fragestellung; die Fragen, die ich stellen würde, werden nie aufgeworfen; und umgekehrt sind die Probleme, die beantwortet werden, mir ganz gleichgültig. Ich weiß zuweilen nicht, ob ich der Betrunkene bin und die Andren nüchtern, oder ob es vice versa ist. Schließlich dispensiere ich mich stark vom Lesen der gelehrten Literatur... Hätte ich die Kamelladungen von Kommentaren gelesen, so wäre ich nie zum Schreiben gekommen.

So setzte Wellhausen sich direkt und unvoreingenommen den antiken Texten aus, las sie genau und vergaß dabei nie, ihnen eigene Fragen zu stellen, in ihnen Probleme zu suchen, die zu lösen sich lohnte. So wurde er zu einem Gegentypus zu all den Theologen, Philologen und Historikern, die »groß in allem Kleinen und klein in allem Großen« sind. Dazu passt, dass er keine Zeit darauf verschwendete, Debatten zu führen oder auf Kritik einzugehen: »Polemik nützt überhaupt vielfach nichts, man muss dann die Entscheidung künftigen Geschlechtern überlassen.« Lieber hielt er sich an die Maxime seines Lehrers Heinrich Ewald: »Ich sage immer gleich das Richtige.« Jedoch hielt er sich nicht für unfehlbar, sondern im Gegenteil für den »ratlosesten Menschen von der Welt«.

Wellhausen, für den Wissenschaft eben Selbstverleugnung war, wollte keine Karriere machen, nicht prominent werden, kein Geld verdienen. Der Zwang, unablässig Neues zu veröffentlichen, unter dem Wissenschaftler heute stehen, lag ihm fern. Er leistete es sich sogar, seinen Verleger davon abzuhalten, seine Bücher übersetzen zu lassen:

Ich mag mein Deutsch nicht verhunzen lassen, und was ich bisher von Übersetzungen erlebt habe, habe ich als Verhunzung empfunden. Ich will auch mein Teil dazu beitragen, dass die Ausländer Deutsch lernen; deshalb gebe ich mir Mühe, mein Deutsch lesbar zu machen. Was ich nicht hindern kann, kann ich nicht hindern – aber mit meiner Autorisierung erscheint keine Übersetzung.

In der Tat, lesbar schreiben konnte er. Sein Stil ist schlicht und klar, anschaulich und frisch. Seine Bücher sind deshalb immer noch wunderbar zu lesen. Aber was so einfach daherkommt, ist die Frucht intensiver Arbeit: »Am meisten ärgert mich, dass ich nicht einfach genug im Ausdruck gewesen bin. Aber man findet das Natürliche und Normale immer erst zuletzt, nach 100 Abwegen ins Geistreiche.«

Das eigentliche inhaltliche und existentielle Herzstück von Wellhausens Briefen aber bildet die offene Frage nach seinem Verhältnis zum Glauben und zur Kirche. Ihr stellte er sich mit größtmöglicher Ehrlichkeit. Als kritischer Historiker hatte er die altprotestantische Orthodoxie weit hinter sich gelassen, doch an das neuprotestantische Projekt einer liberalisierten Kirche mochte er nicht glauben. Deshalb sah er für sich keinen anderen Weg, als die Theologie zu verlassen. Er machte darum kein Aufheben. Öffentlichkeitswirksames Märtyrer-Gehabe war ihm fremd. Selten hat er seine inneren Motive nach außen getragen. Umso bedeutsamer ist der Brief, den er am 8. Oktober 1885 an den Theologen Friedrich Spitta geschrieben hat:

Ich bin deshalb aus der theologischen Fakultät ausgetreten, weil ich nicht an die Lebens- und Verbesserungsfähigkeit der evangelischen Kirche glaube. Aus Resignation bin ich konservativ auf diesem Gebiet; wenn man einen alten von Rost fast zerfressenen Kessel flickt, so geht er entzwei; und so lange kein neuer da ist, muss man den alten behalten. Ich weiß wohl, welche Gnade das Evangelium ist. Ich glaube aber nicht, dass das Zurückgehen auf das Evangelium uns hilft. Die historische Wissenschaft hilft überhaupt nicht; was lebendige Kraft ist, wirkt ohne sie, und man fragt nicht, woher sie stammt, und wohin sie fährt. Sie wirkt, sei es unter richtigem oder falschem Namen; auf den Namen kommt es überhaupt nicht an, auch nicht auf den Namen Jesu. Gegen die Ethik des Evangeliums habe ich schwere Bedenken, nicht gegen die Selbstverleugnung, aber wohl gegen die allgemeine Menschenliebe. Es ist ein hyperindividualistischer, unwahrer Zug darin. Das Wahre im Evangelium ist nach meiner Ansicht der Glaube. Ist Gott für uns, wer mag wider uns sein. Was den evangeli-

schen Kultus betrifft, so ist er eine Kastrierung der Messe. Das Herz ist ihm ausgeschnitten, und allerhand Ornamente werden ihn nicht auf die Beine bringen. Ich bin sonst mit Ihnen sehr einverstanden in der Empfindung, dass es eine wahre Verrücktheit ist, die Predigt zum Mittelpunkt des Gottesdienstes zu machen. Das passt aber gut zum doktrinären Charakter unserer verflixten protestantischen allgemeinen Bildung. Sie brauchen nur nicht zu besorgen, dass ich dem Papste in die Hände falle. Im Protestantismus finde ich Ehrlichkeit, wenngleich Verkehrtheit; im Papismus finde ich systematische Lüge, wenigstens in der Jesuiterei. Ich bilde eine Religionsgemeinschaft für mich. Ich kann nicht dem Gemeinschaftsbedürfnisse Opfer machen auf Kosten der Aufrichtigkeit. Es geht nicht. Aber ich bin meines Glaubens gewiss genug, und keine Zweifel können ihn erreichen.

Dies ist ein eindrückliches Bekenntnis der eigenen Ratlosigkeit sowie der eigenen Gewissheit. Die alten Formen von Lehre, Institution und Kultus hat Wellhausen in ihrer Geschichtlichkeit und Fremdheit durchschaut. Er kann sich in ihnen nicht mehr wiederfinden. Aber auf neue Formen einer liberalen Theologie, einer offenen Volkskirche und eines menschenfreundlichen Gottesdienstes vermag er nicht zu hoffen. So bleibt ihm nichts, als bei sich selbst zu bleiben. Doch bei aller Tragik und Resignation schreckt ihn dies nicht. Es entspricht ja seinem persönlichen Wesen.

Bei Wellhausen kann man beispielhaft erkennen, mit welchen Verlusten die Institutionalisierung einer religiösen Idee verbunden ist. Er sagt es so: »Jede Gemeinschaftsbildung der Religion ist ein Schritt zur Verweltlichung derselben, innerlich bleibt bloß die Religion des Herzens.«

Für Wellhausen ist die wirkliche Geschichte und Predigt Jesu für die Entstehung der katholischen und später der protestantischen Kirche von gar keiner Bedeutung gewesen. Diesen Widerspruch haben Wellhausen und andere historische Theologen offenkundig gemacht. Auflösen aber konnten sie ihn nicht.
Natürlich könnte man zurückfragen, wie denn individuelle religiösen Ideen wie diejenigen Jesu von Nazareth geschichtlich wirksam werden sollen, wenn sie nicht zur Bildung einer Gemeinschaft führen, wenn nicht eine Kirche geschaffen wird mit verlässlichen Strukturen, inhaltlichen Verabredungen, mit Ämtern und Regeln, die dafür sorgen, dass der ursprüngliche Geist nicht einfach verweht, sondern in die Breite der Gesellschaft getragen und den nachwachsenden Generationen vermittelt wird. Dass dies mit Verlusten an charismatischer Unmittelbarkeit verbunden ist, wird niemand leugnen. Aber ohne diese Institutionalisierungen würde gar nichts bleiben. Und ist es tatsächlich so aussichtslos, darauf zu hoffen, dass die alten, autoritären Staatskirchen sich im Laufe ihrer Geschichte wandeln und zu elastischen Volkskirchen werden, die auch Einzelgängern wie Wellhausen offenstehen? Wenn sich in der Geschichte alles ändern kann – warum sollte das nicht auch für die Kirchen gelten?

Wellhausen selbst war da skeptisch. Und dennoch war er nicht der »Glaubensfeind par excellence«, für den ihn seine kirchlichen Zeitgenossen hielten. Noch einmal: »Das Wahre im Evangelium ist nach meiner Ansicht der Glaube. Ist Gott für uns, wer mag wider uns sein. Ich bilde eine Religionsgemeinschaft für mich. Ich bin meines Glaubens gewiss genug, und keine Zweifel können ihn erreichen.«

Dies war seine Konsequenz: die Konzentration auf den eigenen Glauben, der ebenso stark wie einsam, tragisch wie gewiss, vertrauensvoll wie offen war. Und auch wenn er sich für gewöhnlich mit öffentlichen Bekenntnissen zurückhielt, hat er diesen Glauben doch einmal klar und deutlich ausgesprochen. In seiner »Israelitischen und jüdischen Geschichte« finden sich Sätze, die Wellhausens rein innerlichen Glauben beschreiben, die Grundlage seiner »Religionsgemeinschaft für sich selbst«. Es ist nicht ausgeschlossen, dass heutige Leser und Hörer sich selbst, ihr eigenes religiösen Suchen in diesen Sätzen eines ungewöhnlichen Klassikers wiederfinden:

Ich bin nicht bloß ein Teil der Masse, ein Erzeugnis meiner Zeit und meiner Umgebung. In meinem Kern berühre ich mich mit der Ewigkeit. Freilich muss ich diesen Kern mir selber gewinnen und ausgestalten. Vor allem muss ich daran glauben; glauben, dass ich nicht aufgehe in der Mühle, in der ich umgetrieben und zermalmt werde, glauben, dass Gott hinter und über dem Mechanismus der Welt steht, dass er auf meine Seele wirken und ihr zu ihrem eigenen Selbst verhelfen kann. Der Glaube an die Freiheit und der Glaube an Gott ist dasselbe, eins nicht ohne das andere. Beide sind nur dem Glauben vorhanden, aber der Glaube braucht nicht erquält zu werden, sondern ist Gewissheit.

27. Juli 2014

Literaturhinweis:
Julius Wellhausen: Briefe, hg. von Rudolf Smend, Tübingen 2013.

Vom Himmel hoch – bis in ein enges Wiegelein

Über die schöne Abgründigkeit
klassischer Weihnachtsmusiken

Ganz so gottlos, wie stets behauptet wird, ist die Gegenwart nun auch wieder nicht. Das belegt der universale Erfolg des Weihnachtsfests. Die Moderne ist eben nicht einfach gleichbedeutend mit Religionsverlust und Traditionsabbruch. Das ist sie auch, aber nicht nur. Sie ist zudem eine religions- und traditionsbildende Epoche. Ihre religiös bedeutsamste Schöpfung dürfte das Weihnachtschristentum sein. Weihnachtschristentum – das ist eine neue Form des Christlichen. Es lebt aus dem Zauber des Anfangs. Es feiert den Glauben an ein Kind. Und erscheint darin selbst kindlich. Es feiert und spielt. Es genießt glitzernden Schmuck und besondere Gerüche. Es tafelt und speist, erfüllt sich in Verschwendung. Es freut sich über Geschenke, aber auch darüber, selbst zu schenken. Es ist auf sich selbst, den engen Kreis des Eigenen bezogen, zeigt aber auch ein moralisches Bewusstsein. Nur orientiert sich dieses nicht an strengen Prinzipien, sondern lebt in Gefühlen des Mitleids und Mitempfindens. Das Weihnachtschristentum ist eine Umformung älterer Christentümer. Von diesen unterscheidet es sich nicht zuletzt dadurch, dass es nicht an ein Morgen zu denken scheint. Es scheint nicht zu wissen, was aus dem Kind wurde, dessen Geburt es begeht. Es fehlt ihm die dunkle Nachdenklichkeit des alten Leidenschristentums, der bittere Ernst des Kreuzes. Der Theologe Matthias Morgenroth beschreibt es so:

Im Mittelalter wird das Kreuz und damit verbunden die Passion Christi zum Leitbild christlicher Frömmigkeit…

Das moderne Weihnachtschristentum denkt stattdessen vom Anfang her, von der Geburt, es denkt vom Leben her, nicht vom Tod. Es richtet den Blick auf die Krippe, auf die sozialen Beziehungen, die unser Leben ausmachen, und auf die Verhältnisse, in denen wir uns einzurichten haben.

Da kann man natürlich fragen: Ist das Weihnachtschristentum noch Christentum? Oder ist es eine schon nachchristliche Religion? Diese Frage verschärft sich, wenn man bedenkt, wie eng es mit den Mechanismen der gegenwärtigen Konsum- und Eventgesellschaft verknüpft ist.

Früher, ganz früher mag Weihnachten allein der Kirche gehört haben. Aber da war es noch ein kleines, armes, unbedeutendes Fest. Erst im 19. Jahrhundert wurde es groß, reich und mächtig – und dies nicht allein aufgrund kirchlicher Verkündigung, sondern weil die neue bürgerliche Familienkultur es in Besitz nahm und zu ihrem Zentralsymbol erwählte. Schon damals gehörte Weihnachten der Kirche nicht. War das so schlimm? Darin, dass die Menschen die christliche Botschaft in die eigenen Hände nahmen und in die eigenen vier Wände trugen, zu ihrem Familienschatz erkoren, könnte man auch ein Zeichen religiöser Demokratisierung sehen. Der christliche Glaube vollzieht sich nicht nur in der Kirche, sondern vor allem im eigenen Leben, in der Familie. Schon im 19. Jahrhundert und noch immer. Wenn man nicht so daran gewöhnt wäre, müsste man darüber staunen, dass in der vermeintlich so glaubenslosen Gegenwart fast jeder deutsche Haushalt dieses alte christliche Fest feiert. Dass diese Breitenwirkung mit Niveauverlusten verbunden ist, sollte man am besten gelassen hinnehmen. Denn die Aneignung religiöser Inhalte kann immer nur im Rahmen dessen geschehen, was gesellschaftlich normal und eingeübt ist – und das ist gegenwärtig halt die heutige Familien- und Konsum-Kultur.

Eine besondere theologische Herausforderung besteht nun darin, zu schauen, ob sich in dem bunten, wirren Weihnachtsbetrieb nicht etwas ursprünglich Christliches bemerkbar macht – so etwas wie ein anarchistischer Zwischenruf, ein nonkonformes Störgeräusch, ein frecher Einspruch, eine kleine Verstörung. Nicht als theologische Belehrung oder kirchliche Richtigstellung, sondern als ein Teil des Festes. Gibt es so etwas?

Ja, das gibt es. Die christliche Weihnachtsmusik ist genau dies: ein fester Bestandteil der Feierkultur und zugleich eine Repräsentantin des »ganz Anderen«, des religiös Störenden. Die alten Lieder und klassischen Kompositionen werden immer noch gespielt, gesungen und gehört. Sie lassen sich nicht übertönen oder ersetzen. Das wird auch den einschlägigen Weihnachts-CDs nicht gelingen. Die alten Weihnachtsweisen sind einerseits ein unverzichtbares Element des Festes, sie gehören einfach dazu wie Tannenbaum und Gänsebraten, und halten andererseits manche Überraschung bereit, jedenfalls für den, der Ohren hat zu hören.

Gerade jetzt, in den Tagen nach Heiligabend, der eigentlichen Weihnachtszeit also, gibt es reichlich Gelegenheit, diese Musik zu hören, zu genießen und sich von ihr anregen zu lassen. Es lässt sich ja seit einigen Jahren eine Verschiebung der Zeiten beobachten. Früher soll der Advent eine stille Zeit des Fastens und Büßens gewesen sein, Wochen der Einkehr, der Selbstbefragung und des Verzichts. Weihnachten dagegen soll eine Zeit des Rauschs, des unmäßigen Essens und Trinkens, der ungebändigten Fröhlichkeit gewesen sein. Heute ist es umgekehrt: der Advent ist laut, die Weihnachtszeit leise; bis zum 24. Dezember wird gefressen und gesoffen, spätestens am 26. Dezember Diät gehalten und Tee getrunken; in den Wochen vor Heiligabend trifft man unendlich viele Menschen auf Betriebs-, Schul- oder Vereinsfeiern, in den Tagen danach ist man wieder gern für sich, schläft, geht spazieren, liest, führt kleine Gespräche. Was früher Advent war, ist heute Weihnachten und umgekehrt. Das ist auch eine Chance für die Weihnachtsmusik. Denn sie kann jetzt auf offenere Ohren hoffen.

Die christliche Weihnachtsmusik ist ein fast unendliches Thema. Das Schöne und oft auch Amüsante an ihr aber ist, dass sie – so vertraut sie auch erscheinen mag – immer wieder für Irritationen sorgt, die zum Denken anregen. Dies soll hier an zwei kleinen, ziemlich zufällig ausgewählten Beispielen versucht werden. Vielleicht regen sie dazu an, selbst nach solchen Stolpersteinen Ausschau zu halten.

Der erste Stolperstein ist Martin Luthers Weihnachtslied »Vom Himmel hoch, da komm ich her«. Weihnachtsmusik ist Engelsmusik. Zuerst singen die Engel. Die Menschen singen ihnen nach oder versuchen es zumindest. Einmal so singen zu können wie die Engel, das wäre ein Glück. So hell und klar, so mitten ins Herz und zugleich so voller Geist. Dazu animiert dieses Lied. Aber wovon singt der Hauptengel eigentlich? Was will er sagen und nahebringen? Er bringt eine gute Mär. Und diese Mär ist kein Märchen, sondern eine wichtige Nachricht. Eine Nachricht wie aus einer anderen Welt und doch genau für diese Menschheit bestimmt. Dafür ist der Hauptengel mit seinen Chorkollegen extra »vom Himmel hoch« herabgekommen, um von dieser Mär zu singen. Sie kommen von ganz hoch oben. Und sie kommen herab, nach ganz unten. Dieser Engelsturzflug ist erstaunlich und unverständlich, überraschend und paradox. Damit die Hirten damals und Weihnachtschristen heute diese Herabkunft recht verstehen, gibt der Engel einen Fingerzeig. In der fünften Strophe hat Luther dieses Zeichen ausgemalt – so drastisch und präzise, wie nur er es konnte.

So merket nun das Zeichen recht:
Die Krippe, Windelein so schlecht,
da findet ihr das Kind gelegt,
das alle Welt erhält und trägt.

Das also ist das Zeichen, das entscheidende Indiz, der Beweis: schlechte, das heißt: schlichte Windeln. An seinen einfachen Windeln sollt ihr ihn erkennen – den König aller Königreich, den Heiland aller Welt zugleich. Wie gesagt, so drastisch und präzise konnte nur Luther dichten. Der überweltlich herrliche Gesang der Engel zielt auf nichts Irdischeres als ausgerechnet Windeln. Warum? Weil Gott sich seiner Göttlichkeit entäußert, um ein Mensch zu werden, um so die Menschen zu sich zu führen. Weihnachten heißt Menschwerdung. Und daran erkennt man den werdenden Menschen am offenkundigsten: an »schlechten« Windeln. Das ist eine wunderbare Antiklimax, die beweist, dass Weihnachtsmusik nichts für Festkonsumenten ist, die die böse Welt aus ihrem geschmückten Wohnzimmer ausschließen wollen, nichts für Schöngeister, die sich die Finger nicht schmutzig machen wollen, nichts für Akustikgourmets, die selbst geistliche Musik nur schlürfend genießen möchten. Weihnachtsmusik ist mehr als eine Fülle des Wohllauts. Sie will bekehren, die üblichen Vorstellungen von oben und unten, Mensch und Gott umdrehen. Darum ist diese Musik so schön, weil sie die Ohren und den Verstand öffnen will für die erlösende Menschlichkeit Gottes. Und der weihnachtliche Inbegriff dieser Menschlichkeit – das sind halt Hygieneartikel für Neugeborene.

Das zweite Beispiel für das Irritationspotential weihnachtlicher Musik ist kein kleines geistliches Volkslied wie »Vom Himmel hoch«, sondern eine große Komposition, kunstvoll und dennoch ungemein populär: das Weihnachtsoratorium von Johann Sebastian Bach. Es steht für die bildungsbürgerliche Variante des heutigen Weihnachtschristentums. In nicht wenigen irgendwie noch protestantisch-bürgerlichen Wohnzimmern läuft es vom ersten Advent an als Dauerprogramm, in Endlosschleife. Viele Chöre singen es als Jahreshöhepunkt wieder und wieder. Kein Kantor würde wagen, es durch ein anderes Stück zu ersetzen. Den Aufstand würde er nicht überstehen. Und die Menschen wollen es ja auch hören. So oft es auch angeboten und aufgeführt wird, die Karten verkaufen sich wie heißer Glühwein in einer kalten Winternacht. So offenkundig der Befund, so schwer ist aber seine Deutung. Denn was haben heutige Weihnachtschristen mit Johann Sebastian Bach gemein? Als Person des 18. Jahrhunderts, in seiner Weltsicht und Frömmigkeit muss er ihnen fremd sein: Seine Gedanken und Gefühle sind nicht ihre. Dennoch aber ist er ihnen so nah wie kein anderer klassischer Komponist, vertrauter als jeder andere Verfasser geistlicher Musik. Bach muss nicht mehr wiederentdeckt werden. Ihn kennen, hören und lieben viele – und zwar gerade diejenigen, die sonst sorgsam Abstand zur Kirche halten. Man könnte sie Bach-Christen nennen. Es sind gebildete Menschen, die nicht in die Kirche gehen, um eine Predigt zu hören oder mit anderen zu singen und zu beten, sondern nur, um Bachs geistliche Musik zu erleben. Das liegt an deren Schönheit und Kraft, aber nicht nur. Von seinem Werk scheint eine eigentümliche religiöse Wirkung auszugehen.

Bach gelingt, was kaum ein Prediger mehr schafft. Er verführt dazu, sich mit dem christlichen Glauben in seiner ganzen Tiefe und Abgründigkeit, seinem Ernst und seiner Härte auseinanderzusetzen. Seine Passionen sind schwere Stücke, schwer zu hören, schwer auszuhalten, und dennoch werden sie viel und intensiv gehört. Dadurch werden die heutigen Bach-Christen aber nicht orthodoxe Lutheraner, wie Bach selbst einer war. Sie bleiben, was sie sind, irgendwie religiös, zwischen Glauben und Zweifel schwankend. Die Musik bringt ihre Hörer dazu, sich mit diesem alten Glauben auseinanderzusetzen, wobei diese Auseinandersetzung keine fromme Gehirnarbeit bleibt, sondern zum sinnlichen Erlebnis wird. Bach ist heute nicht mehr »der fünfte Evangelist« des alten Luthertums, wie man ihn früher nannte, sondern der Apostel eines modernen Musik-Christentums – der erwachseneren und gebildeteren Variante des Weihnachtschristentums. Und beim Hören des »Weihnachtsoratoriums« kommt beides zusammen: das Weihnachts- und das Bach-Christentum.

An Bachs Weihnachtsoratorium nun ist nicht nur die Musik so schön, sondern auch der Umstand, dass man bei jedem erneuten Hören über ein Wort stolpern kann, einen seltsamen Begriff, eine merkwürdige Wendung. So bereitet dieses Stück nicht nur Hörgenuss, sondern auch vielfältige Anlässe zum Nachdenken – gerade denen, für die das Weihnachtsoratorium-Hören zum Dezember-Ritual geworden ist. Lächeln kann man über manche missverständlich-unbeholfenen Verse wie das notorische »Nun seid ihr wohl gerochen«. Über andere Verse aber kann man durchaus ins Sinnieren geraten. Zum Beispiel über diesen aus dem ersten Chorstück der dritten Kantate: »Weil unsre Wohlfahrt befestiget steht!« Was ist damit nur gemeint?

Herrscher des Himmels, erhöre das Lallen,
lass dir die matten Gesänge gefallen,
wenn dich dein Zion mit Psalmen erhöht!
Höre der Herzen frohlockendes Preisen,

wenn wir dir jetzo die Ehrfurcht erweisen,
weil unsre Wohlfahrt befestiget steht!

Unter Wohlfahrt versteht man heute die moderne, massenhafte, staatlich gelenkte Fürsorge, etwas sehr Sinnvolles also, nur hat es mit Weihnachten nichts zu tun. Da der Text des Weihnachtsoratoriums nicht von Norbert Blüm verfasst worden ist, muss mit der hier besungenen »befestigten Wohlfahrt« etwas anderes gemeint sein. Nur was? Wohlfahrt heißt hier Glück – das Glück des Glaubens. Wohlfahrt meint das Weihnachtsglück im reinsten Sinne: die schlichte Freude über die bloße Tatsache, dass Jesus geboren ist. Es ist fast beschämend zu hören, dass man sich einfach nur so über Weihnachten freuen kann. Ohne Tannenbaum, Krippe, Gänsebraten oder Geschenke. Ohne jeden Wohlstand. Einfach so, weil eben Jesus geboren ist. Dies soll die volle Freude sein, das große Glück, die befestigte Wohlfahrt. Das ist alles, was es an Weihnachten zu feiern gibt. Das ist natürlich nicht alles. Denn zu diesem Glaubensglück kommt die Glaubenskunst hinzu, die diesem Glück Ausdruck verleiht – die Glaubenskunst von Bachs Weihnachtsoratorium. Eine prächtige, schmetternde Musik, Königsmusik, vielleicht nicht besonders tiefsinnig, aber doch sehr erfindungsreich und ungemein freudestrahlend. Deswegen hat der Komponist einige Motive ja auch bei anderen, weltlichen Festmusiken verwendet.

Was einem bei dieser nur scheinbar glatten Musik aber auffallen kann, ist, welch große Gegensätze sie verbindet – zum Beispiel die Gegensätze von froh und ernst, von innen und außen. Das Weihnachtsoratorium feiert öffentlich die befestigte Wohlfahrt und verinnerlicht sie sofort mit diesem Seufzer: »Schließe, mein Herze, dies selige Wunder fest in deinen Glauben ein.« Das Wunder soll nicht wie ein Geschenk nur in Empfang genommen, auf seinen Marktwert taxiert, konsumiert und dann weggepackt werden. Sondern das Herz soll es einschließen und fest verwahren, damit es die Mitte des eigenen Innern werde. Dies ist bei aller Freude eine ernsthafte Anstrengung. Deshalb muss das Ich sein Herz dazu auffordern, dass es nicht nur empfängt, sondern innerlich tätig wird. »Wie soll ich dich empfangen?« So soll ich dich empfangen, dass ich dich fest in meinen Glauben schließe. Dann erst steht meine Wohlfahrt »befestiget«. Hier zeigt sich, wie anspruchsvoll Bachs Weihnachtsfrömmigkeit ist, nicht in einem bildungselitären, sondern in einem religiösen Sinne.

Dieser religiöse Sinn ist aber kein Bekenntnis zu dogmatischen Behauptungssätzen, sondern eine Bewegung: »mit dir will ich endlich schweben voller Freud ohne Zeit«. Schweben ist noch ein weiteres Wort für Glückseligkeit. Schweben ist reine Bewegung, ungehindert und ungehemmt, ohne Nebengedanken und Hinterabsichten, ohne Zweifel und Sorgen. Schweben ist Fließen, sich Ergießen des Lebens, geheilte Lebendigkeit, erlöster Glaube. Das ist die Wohlfahrt, die eben nicht nur befestiget steht, sondern vor allem im Schweben sich erfüllt. Und diese innere, verinnerlichende Bewegung wird schließlich nach außen getragen. Unüberhörbar im Gesang, aber nicht nur. Dieser Glaubensklang soll sich auswirken, das eigene Herz läutern, das Gewissen schärfen, den Sinn leiten, damit Christen dieses Glaubensglück teilen, praktisch und handgreiflich. Damit eben nicht nur die eigene Wohlfahrt befestiget steht. Auf solche Gedanken kann man kommen, wenn man die Tage nach Heiligabend nutzt, um Weihnachtsmusik zu hören oder selbst zu singen, um so dem Christlichen im Weihnachtschristentum auf die Spur zu kommen.

1. Weihnachtstag, 25. Dezember 2014

Religion mit oder ohne Gott

Ein theologisches Gespräch mit den Philosophen Ronald Dworkin und Volker Gerhardt

Kaum etwas ist so schwierig, wie ein vernünftiges Gespräch über Religion zu führen. Eine eigentümliche Mischung aus Aggression und Desinteresse umgibt dieses Thema, das zur Überraschung vieler seine Aktualität einfach nicht verlieren will. Die Religion ist nicht »zurückgekehrt«, wie gern behauptet wird. Sie ist nie weg gewesen. Aber was bedeutet das? Die mediale Öffentlichkeit ist beherrscht von Berichten über religiöse Gewalt: Massaker zwischen Christen und Muslimen in Zentralafrika, Ikonenträger auf ukrainischer und russischer Seite, Streitigkeit zwischen ultraorthodoxen und säkularen Juden in Israel, natürlich der islamistische Terror im Nahen Osten und in Europa, aber auch Christenverfolgungen in vielen Teilen der Welt. Selbst im vergleichsweise friedlichen Deutschland ist Religion vor allem als Konfliktfaktor gegenwärtig.

Aber ist das wirklich Religion? Wendet man sich von diesen Kampfplätzen ab und fragt, wie hierzulande der Glaube Menschen berührt und ihre Lebensführung bestimmt, welche Gestalt er überhaupt besitzt, dann weicht die aufgeputschte Stimmung einer verdrucksten Sprachlosigkeit. Ob und wozu die Religion für einen selbst gut sein soll, weiß in Deutschland sogar die Mehrheit der immer noch zahlreichen Kirchenglieder kaum zu sagen. Vielleicht weicht man deshalb so gern in Empörungsdebatten aus: über echte Terrorgefahren und vermeintliche Islamisierungen, den Bau von Moscheen und Frauen mit Kopftüchern, jüdische Beschneidungen, katholische Bausünden in Limburg oder die Aufarbeitung sexueller Gewalt in beiden Kirchen. Die Anlässe wechseln, die Entlastung ist die gleiche: Wer sich erregt, muss sich der eigenen Ratlosigkeit nicht stellen. Dabei ist Religion doch ein so wichtiges Menschheitsthema, dass man eine eigene, begründete Haltung zu ihr gewinnen müsste – so oder so.

Dabei können nun ausgerechnet zwei Philosophen helfen: der Amerikaner Ronald Dworkin und der Deutsche Volker Gerhardt. Sie haben Bücher geschrieben, die ihrem philosophischen und persönlichen Nachdenken über Religion einen solchen Ausdruck verleihen, dass auch interessierte Laien daraus einen intellektuellen, ja existentiellen Gewinn ziehen können. Man mag es bedauern, dass es zurzeit keine Theologen gibt, denen Ähnliches gelingt. Andererseits besteht ein besonderer Reiz gerade darin, dass sich hier zwei Personen zu Wort gemeldet haben, die nicht zu den üblichen Verdächtigen in Sachen »Religion – Glaube – Kirche« gehören.

Doch der Reihe nach: Im vergangenen Jahr ist ein Buch von Ronald Dworkin auf Deutsch erschienen, das – so klein es ist – ein großes Ereignis darstellt. Inzwischen hat es auch die ihm zukommende Würdigung erfahren – in der religionsphilosophischen Fachwelt wie auch in den anspruchsvolleren Medien. Es zeigt, dass man über Religion nachdenken kann: klug und verständlich, kritisch und fair, engagiert, aber ohne Schaum vor dem Mund. Ronald Dworkin war das, was man in Deutschland zuweilen vermisst: ein großer Gelehrter, der überzeugend als öffentlicher Intellektueller wirkt. Über Jahrzehnte hinweg hat er Beiträge zu den vielfältigen religionsrechtlichen Debatten der Vereinigten Staaten von Amerika geliefert. Als Stimme des Liberalismus hat er versucht, das Prinzip individueller Freiheit gegen religiöse Dominanz zu verteidigen. Er war der lebende Beweis dafür, dass Liberalität eine starke Position sein kann. In Deutschland, wo es einen relevanten politischintellektuellen Liberalismus seit langem nicht mehr gibt, wäre er so wünschenswert wie schwer vorstellbar.

Dworkin – er ist im Februar 2013 mit 81 Jahren gestorben – hat am Ende seines Lebens ein Buch über Religion geschrieben, das von einem echten existentiellen Interesse getragen wird. Natürlich ist er nicht altersfromm geworden. Seine strengen philosophischen Standards hat er sich bis zum Ende bewahrt. Dennoch hat er versucht, auf die Gretchenfrage – »Wie hast du's mit der Religion?« – eine konstruktive Antwort zu geben und den Beweis dafür anzutreten, dass Religion immer noch eine wichtige Angelegenheit des Menschen ist. Dworkins 140 kleine Seiten langes Buch geht auf vier Vorlesungen zurück, die er 2011 in Bern gehalten hat. Eigentlich wollte er diese zu einem größeren Werk ausbauen. Doch das verhinderte seine Krebserkrankung. So ist dieses Buch seine letzte, posthume Veröffentlichung geworden – ein offenes Vermächtnis.

Worum es Dworkin geht, wird schon durch den Titel deutlich: »Religion ohne Gott«. Ein religiöser Atheismus – das ist für ihn keine bloß provokative Paradoxie, sondern ein echter Gedanke und eine existentielle Möglichkeit. Um sich einen Begriff von Religion zu machen, setzt Dworkin sich von den monotheistischen Traditionen ab und unterscheidet Religion vom Glauben an einen personhaft gedachten Gott. Sie ist für ihn ein tiefer, selbständiger, umfassender Blick auf die Welt und enthält gültige moralische Werte. Sie erwächst aus der Erfahrung, dass der Anblick des Universums Ehrfurcht auslöst, und erfüllt sich in dem Bewusstsein, dass das eigene Leben einen Sinn in sich trägt. Diese Grund-Religion kann sich mit dem Glauben an einen Gott verbinden, muss dies aber nicht tun. Sie ist auch Nicht-Gläubigen zugänglich, wenn diese die Schönheit der Welt betrachten und Ehrfurcht vor dem Erhabenen empfinden. Daraus folgt alles Weitere: Glaube, Verantwortung, Achtung, Selbstwertgefühl, Dankbarkeit, Demut und Reue. Demgegenüber ist die übliche Trennung zwischen gläubigen und säkularen Menschen viel zu grob.

Der für Dworkin wichtigste Glaubenszeuge dieser »Religion ohne Gott« ist Albert Einstein. Dieser hatte bekannt: »Das Wissen um die Existenz des für uns Undurchdringlichen, der Manifestationen tiefster Vernunft und leuchtendster Schönheit, die unserer Vernunft nur in ihren primitivsten Formen zugänglich sind, dies Wissen und Fühlen macht wahre Religiosität aus; in diesem Sinn und nur in diesem gehöre ich zu den tief religiösen Menschen.«

Es dürfte kein Zufall sein, dass Dworkin sich gerade auf einen Physiker beruft. Denn er sucht ein Religionsverständnis, das vor dem neuzeitlichen Wahrheitsbewusstsein bestehen kann, wie es besonders von den Naturwissenschaften vertreten wird. Allerdings gibt es Disziplinen – wie etwa Chemie, Biologie oder Hirnforschung –, die zu einem weltanschaulichen Reduktionismus neigen. Das heißt: Sie erklären, dass alles, was bei Nichtfachleuten Staunen auslöst, »nur« das Ergebnis kausal erklärbarer Prozesse ist. Physiker sind nicht etwa wundergläubiger. Da sie aber wissen, dass sie immer nur mit Modellen arbeiten, die im Letzten wahrscheinlich nie zusammenpassen, eine endgültige Erklärung des Ganzen der Welt also wohl unmöglich sein wird, sind sie manchmal offener, im Angesicht des Unendlichen Ehrfurcht zu empfinden. Und insofern religionsnäher – jedenfalls einige von ihnen –, ohne allerdings von ihren intellektuellen Standards abzurücken.

In wenigen Gedankenschritten gelingt es Dworkin, einerseits das Besondere der Religion herauszuarbeiten und andererseits eine Brücke zu nicht-gläubigen Menschen zu schlagen. Er kann zeigen, dass Religion eine unverzichtbare Dimension des menschlichen Bewusstseins ist, ohne jedoch den nicht-religiös Empfindenden einen

Mangel an Geist und Güte zu unterstellen. Das ist ja ein alter pfäffischer Trick: Wenn man nicht weiterkommt in der Verteidigung seines Glaubens, diffamiert man die Nichtgläubigen. Dworkin dagegen geht es darum, beide Seiten auf eine heilsame Weise zu irritieren. Er verunsichert all diejenigen, die sich bisher entweder für religiös oder unreligiös gehalten haben. Denn vor dem Horizont einer »Religion ohne Gott« sind Glaube und Nichtglaube gar nicht mehr eindeutig auseinanderzuhalten. Diese Verstörung hat einen großen praktischen, ja politischen Nutzen. Denn sie ermöglicht den Dialog über eine gemeinsame Anschauung der Welt und über verbindliche moralische Prinzipien. Dworkins Religionsbegriff könnte die in den USA dringend benötigte Mitte zwischen der evangelikalen Rechten und der säkularistischen Linken bilden, in der endlich friedliche Gespräche über Religion und Moral, Kultur und Gesellschaft beginnen.

Beeindruckend ist dieses Buch nicht zuletzt als persönliches Zeugnis, als existentielle Meditation, als Einladung, neu und unvoreingenommen über Religion nachzudenken. Vieles ist sicherlich unausgearbeitet oder kritikbedürftig. Aber das ist fast zu vernachlässigen, wenn man den großen Gewinn dieses Buches dagegenstellt, nämlich ein öffentliches Gespräch über Religion zu eröffnen, das der Bildung einer neuen Mitte dienen kann. Theologie und Kirche wären sehr gut beraten, sich durch die offene Absage an den Gottesbegriff nicht abschrecken zu lassen, sondern in dieses Gespräch einzusteigen.

Seine Grundgedanken stellt Dworkin ohne einen umfänglichen gelehrten Apparat vor. Jedoch steht er, ob bewusst oder unbewusst, in einer langen Tradition, die vor allem in Deutschland gepflegt wurde – mit nicht unerheblicher Hilfe evangelischer Theologen. Ihre Blüte erlebte sie im 18. und frühen 19. Jahrhundert. Die zentralen Begriffe dieser philosophisch-theologischen Tradition lauten »Ehrfurcht« und »das Erhabene«. Gemeint ist damit ein religiöses Grundgefühl, das sich einstellt, wenn man die Welt in ihrer Gänze und ihren Grenzen betrachtet: eine schmerzvoll-beseligende Erschütterung und Öffnung für etwas ganz Anderes. Die »Ehrfurcht vor dem Erhabenen« machte in der europäischen Aufklärung eine große Karriere, weil sie es ermöglichte, Religion jenseits des orthodox-christlichen oder orthodox-jüdischen Theismus zu denken. Einen nicht unwesentlichen Schub erhielt sie übrigens durch die Entdeckung der Alpen in dieser Zeit. Endlich begann man, das höchste Gebirge in der Mitte Europas nicht mehr zu fürchten, sondern als Sinnbild des Ewigen zu genießen. Ganz ähnlich hatte Einstein seine Religion im Angesicht der – natürlich noch viel »größeren« – Unendlichkeit des Kosmos entwickelt.

Klassisch hat dies Immanuel Kant so formuliert:

Zwei Dinge erfüllen das Gemüt mit immer neuer und zunehmender Bewunderung und Ehrfurcht, je öfter und anhaltender sich das Nachdenken damit beschäftigt: der bestirnte Himmel über mir und das moralische Gesetz in mir.

Ehrfurcht wird vor zwei Unendlichkeiten empfunden: der Grenzenlosigkeit des Kosmos und der Unbedingtheit des Guten. Sie hat deshalb zwei Richtungen – als Ehrfurcht vor dem, was über uns ist, und vor dem, was in uns ist. So altertümlich das Wort heute klingen mag, es steht für etwas höchst Modernes: eine religiöse Grunderfahrung, die sich mit dem Bewusstsein der menschlichen Würde verbindet und ein Freiheitsgefühl darstellt. Denn das Unendliche wird hier nicht als eine autoritäre Übermacht begriffen. Indem der Mensch Ehrfurcht vor dem Erhabenen empfindet, wächst er über sich hinaus und gewinnt ein Bewusstsein vom unendlichen Wert seiner Seele.

Es war vor allem ein evangelischer Theologe, der dieses Religionsverständnis auf eine Weise beschrieben hat, die Dworkins »religiösen Atheismus« fast wörtlich vorwegnimmt. In seinen »Reden über die Religion« von 1799 definierte Friedrich Schleiermacher Religion als »Ehrfurcht und heilige Scheu«. Sie entsteht für ihn vor allem an den Grenzen des Lebens: »Geboren werden und sterben sind solche Punkte, bei deren Wahrnehmung es uns nicht entgehen kann, wie unser eignes Ich überall vom Unendlichen umgeben ist, und die allemal eine stille Sehnsucht und eine heilige Ehrfurcht erregen.«

Mit einer damals skandalösen Radikalität behauptete Schleiermacher, dass »eine Religion ohne Gott besser sein kann als eine andre mit Gott«. Zumindest ist sie von einer bestimmten Gottesvorstellung nicht abhängig. Das ist religiöser Atheismus 200 Jahre vor Dworkin. Er wirkte weit, über Goethe bis zu Albert Schweitzer – »Ehrfurcht vor dem Leben« –, wurde dann aber verdrängt und vergessen. Nun wird er von philosophischer Seite neu ins Gespräch gebracht.

Es gibt also eigene Traditionen, die es evangelischen Theologen ermöglichen, an Dworkins Gedanken anzuschließen. Aber natürlich stellen sich auch Fragen. Die wichtigste betrifft den Gottesbegriff selbst. Ist es einleuchtend, den Einwänden der modernen Religionskritik dadurch zu entsprechen und den Religionsbegriff zu retten, dass man den Gottesbegriff schlicht aufgibt? Oder ist es nicht doch eher so, dass die Religion davon lebt, dass sie mit Gehalten und Gestalten, Bildern und Symbolen verbunden ist, die es nicht nur zu erleben gilt, sondern über die man auch nachdenken kann? Und das Wichtigste dieser Bilder und Symbole wird nun einmal durch das Wort »Gott« bezeichnet. Ja, ist der christliche Theismus so platt, wie Dworkin meint, der hierbei stets nur das Klischee des »Gottes der Sixtinischen Kapelle« vor Augen hat: einen älteren Herrn mit langem

Bart, der auf einer Wolke durch den Himmel fliegt? Macht es sich die »Religion ohne Gott« nicht zu leicht, wenn sie dieses Einsilbenwort einfach streicht?

An dieser Stelle lohnt es sich, Dworkins religionsphilosophische Meditation zur Seite zu legen und eine andere Neuerscheinung zur Hand zu nehmen: die philosophische Theologie von Volker Gerhardt. Sie weist durchaus Übereinstimmungen mit Dworkins Überlegungen auf, überbietet sie aber dadurch, dass sie eine philosophisch-theologische Rechtfertigung der Rede von Gott bietet. Leicht zu lesen ist Gerhardts Buch »Der Sinn des Sinns. Versuch über das Göttliche« nicht, obwohl es gut geschrieben ist. Man muss Zeit, Ruhe und Geduld mitbringen, um in seine Gedankengänge zu finden. Aber man wird belohnt.

Ganz ähnlich wie bei Dworkin ist zunächst Gerhardts Grundanliegen: Er möchte die gängige Gegenüberstellung von Religion und Nicht-Religion, Wissen und Glauben unterlaufen, um so die bleibende Bedeutung der Religion auch für moderne Menschen zu bekräftigen. Insofern ist auch er ein dringend benötigter Brückenbauer. Glauben und Wissen sind für ihn keine Gegensätze.

In einem Interview hat er es so formuliert:

Wir müssen bereits an das Wissen glauben, wenn wir uns ernsthaft danach richten wollen. Und da kein Wissen ausreicht, um auch nur einen Tag unseres Lebens sicher vorherzusagen, brauchen wir den Glauben, um überhaupt handlungsfähig zu sein. Und sobald es um existenzielle Entscheidungen geht, reicht auch der Begriff des auf Erfahrung gestützten ›Vertrauens‹ nicht aus. Es ist ein Glauben, der mit dem besten Wissen und Gewissen über die Grenzen des Wissens hinausgeht.

Der Mensch ist »ein sich selbst entgrenzendes Wesen«. Er findet Sinn und Orientierung erst dann, wenn er die

Welt als ganze betrachtet und sein Leben in ihr als sinnhaft erfährt. Das geschieht besonders in Momenten, die der Erfahrung des Erhabenen verwandt sind. Religion ist für Gerhardt eine eigentümliche Verbindung von Wissen und Glauben. In ihr gewinnt der Mensch die Einsicht in den Sinn seines Lebens, die unverzichtbar ist für ein selbstbestimmtes Leben – im Angesicht des Unendlichen. Dieser Glaube an den Sinn des Sinns kann sich verdichten zum Glauben an ein Göttliches, ja an einen personalhaft gedachten Gott, dem die glaubende Person »begegnen« kann. Damit will Gerhardt natürlich keinen Gottesbeweis erbringen. Vielmehr versucht er darzulegen, dass die »Religion mit Gott« einem notwendigen Bedürfnis des Menschen nach Sinnerfahrung entspricht und deshalb als möglich gedacht werden muss. Gegenüber dem bekannten religionskritischen Einwand, Religion beruhe »nur« auf einem menschlichen Bedürfnis, legt Gerhardt dar, dass es sich hier um ein notwendiges Bedürfnis handelt, das sich im Gottesbild symbolisch Ausdruck geben darf.

Das ist noch keine philosophische Rechtfertigung etwa eines christlichen Offenbarungsglaubens. Aber es ist sehr wohl eine Brücke, über die aufgeklärte Zeitgenossen gehen können, wenn sie »Religionen mit Gott« wirklich verstehen wollen. Ja, wer über die Brücke geht, kann dazu verleitet werden, sich selbst – ungeachtet aller Aufgeklärtheit – als religiös zu verstehen. Gerhardt jedenfalls baut diese Brücke nicht, er geht auch über sie hinüber. Auf die gretchenhafte Journalistenfrage »Sind Sie gläubig?« jedenfalls hat er geantwortet: »Wie könnte ich nicht gläubig sein? Ich glaube nicht nur an das, was ich gerade in Verbindung mit den großen Leistungen der Aufklärung aufgezählt habe, sondern auch an den Wert der Bildung, an die Humanität und an die Kraft der Liebe. Aber ich bin auch davon überzeugt, dass wir vor lauter Staunen und Entsetzen gar nicht leben könnten, wenn wir nicht an einen Grund glaubten, der alles, was wir sind und was wir wollen, ermöglicht. Diesen Grund nenne ich das Göttliche. Und ich füge hinzu, dass dieses Göttliche für den gläubigen Menschen auch eine personale Gestalt annehmen kann, sodass er zu ihm beten und persönlichen Beistand erhoffen kann. In der christlichen Lehre tritt uns das Göttliche im – auch mich tief berührenden – ertragenen Leiden des Gekreuzigten entgegen. Wenn ihm der Glaube in der Verlassenheit am Kreuz Kraft gegeben hat, kann er sie auch anderen geben, selbst jenen, denen es im Leben besser geht.«

Gleichgültig nun, ob Gerhardts Theologie einer »Religion mit Gott« einen mehr überzeugt als Dworkins Meditation über eine »Religion ohne Gott« oder umgekehrt, beide erfüllen gemeinsam eine Aufgabe, die zurzeit unendlich ist. Gegenwärtig wird der »Dialog der Religionen« stark beworben, nicht zu Unrecht. Fast noch wichtiger aber dürfte der Dialog zwischen Religiösen und Nicht-Religiösen sein. Dworkins letztes Buch sowie Gerhardts philosophische Theologie stellen dafür die dringend benötigten gedanklichen Anstöße bereit. Sie bringen die üblichen Sortierungen von »religiös« und »nichtreligiös«, »theistisch« und »atheistisch« auf eine intellektuell anregende Weise so durcheinander, dass dies die jeweilige persönliche Frömmigkeit inspirieren sowie das gesellschaftliche Gespräch über die Bedeutung der Religion fördern und befrieden kann.

31. Mai 2015

Literaturhinweise:

Ronald Dworkin: Religion ohne Gott, Berlin 2014.

Volker Gerhardt, Der Sinn des Sinns. Versuch über das Göttliche, München 2014.

Unverhoffte Fundsache

Eine Erinnerung an die Konfirmation des Vaters

Es ist Saison. In evangelischen Kirchengemeinden wird derzeit Konfirmationen gefeiert. Man sieht sie jetzt in vielen Stadtteilen und Dörfern am Sonntag oder Sonnabend: Ungewohnt fein angezogene Jugendliche auf dem Weg zur oder von der Kirche. Das ist ein schöner Anblick. Aber er lässt mich an etwas zurückdenken, das ich vor gar nicht langer Zeit gefunden habe.

Unten im Keller standen seit fünf Jahren vier Umzugskisten. Bei der Auflösung des elterlichen Haushalts hatte ich viele Briefe, Fotoalben, Tagebücher und Familiendokumente einfach in diese Kisten gepackt und so für eine spätere Durchsicht aufbewahrt. Irgendwann würde ich sie öffnen. Dieses Irgendwann ließ auf sich warten. Bis ich sie schließlich doch öffnete und mich in die Geschichte meiner Familie vertiefte.

Es ist ungerecht, wie viel von der einen Familienseite und wie wenig von der anderen aufbewahrt wurde. Von der Seite meiner Mutter sind Unmengen an Dokumenten erhalten. Von der Seite meines Vaters habe ich eigentlich nur eine Mappe: altertümlich wirkt sie, schwer liegt sie in der Hand, der Ledereinband ist brüchig. Schlägt man sie auf, findet man eine Reihe von Papp-Taschen und darin allerlei. Zum Beispiel einen Zeitungsartikel vom 18. Januar 1934. Die Schlagzeile ist abgeschnitten, auch ist nicht vermerkt, wer ihn verfasst hat oder aus welcher Zeitung er stammt. Es muss eine Regionalzeitung aus Schleswig-Holstein gewesen sein. Berichtet wird darin von der feierlichen Amtseinführung des Onkels meines Vaters. Er war Propst in Kappeln an der Schlei, also der geistliche Leiter eines kirchlichen

Bezirks. Anderswo in Deutschland hätte er den Titel »Superintendent« oder »Dekan« getragen. So wurde er kurz nach Beginn der nationalsozialistischen Herrschaft in seinem neuen Amt begrüßt:

Als wir in Kappeln ankamen, rückten schon die braunen und grauen Kolonnen zu ihren Sammelplätzen. Die geräumige Kirche zeigt wieder das Bild wie überall im Lande. Alles, ob in Zivil oder in Braun, eine Gemeinde. Mit erhobener Hand werden die Fahnen der SA, des Stahlhelms, der Kriegervereine, der Hitlerjugend und des BdM begrüßt. Dann führt Landesbischof Paulsen den neuen Propsten ein, anhand des Jesuswortes ›Ich bin gekommen, ein Feuer anzuzünden auf Erden‹. Propst Claussen predigt: Freude herrsche über die nationale Erneuerung, große Freude über die dem Menschen durch Gott geschenkte Gabe seines Sohnes, an der wir merken: Der Vater hat uns lieb. Es hat symbolische Bedeutung, daß sich aus der Kirche ein geschlossener Zug durch ein Spalier von SS-Männern zum Rathaus begibt, daß SA, Stahlhelm, HJ und Kriegervereine aufmarschieren. Die Kirche geht zum Volk! Bürgermeister, Landrat und Ortsgruppenleiter der NSDAP halten Ansprachen herzlichen Vertrauens und freudigen Bekennens zu der Arbeit der Kirche. Man merkt es diesen Männern an, daß sie der neuen Volkskirche bereitwillig die Hand zur Mitarbeit reichen wollen. Die Kirche aber schlägt freudig in die dargebotene Hand ein.

Ich breche ab, denn dies ist eine Geschichte, die ich vielleicht ein anderes Mal erzähle. Nur so viel: In der nächsten Papp-Tasche finde ich das Entlassungsschreiben, mit dem mein Großvater väterlicherseits, also der Bruder des neuen Propsten, aus dem Staatsdienst entlassen wurde. Es trägt das Datum 13. Juni 1934. Wie werden sich die beiden Brüder verstanden haben, von denen der eine im Januar zum kirchlichen Karrieresprung ansetzt, während dem anderen im Juni desselben Jahres der Beruf genommen wird? Doch auch davon will ich hier nicht erzählen. Stattdessen will ich davon berichten, was ich in der nächsten Papp-Tasche gefunden habe, nämlich die Predigt zur Konfirmation meines Vaters. Ich weiß nicht, warum er sie aufbewahrt hat und so viel anderes nicht. Ich nehme sie zur Hand: vier Blätter vergilbtes Papier, an den Rändern eingerissen.

Auf dem Titelblatt lese ich:

Gottes Hand fassen! Konfirmations-Predigt über Johannes 3,16, gehalten am Sonntag Lätare, 15. März 1942, und am Sonntag Palmarum, 29. März 1942, in der Jesus-Christus-Kirche zu Berlin-Dahlem von Pfarrer Eberhard Röhricht.

Nur kurz wundere ich mich, wie ein Pfarrer dieselbe Konfirmationspredigt zwei Mal halten kann. Dann blättere ich weiter und finde vier mit Schreibmaschine vollgeschriebene Seiten.

Ich lese den Text einmal quer, nur um einen ersten Eindruck zu gewinnen. Ich denke mir: Ziemlich streng, dürr und trocken, konventionelle Kirchentheologie, dogmatisch und zu lang, zu abstrakt für Jugendliche. So würde man das heute nicht mehr machen. Einige Tage später habe ich einen freien Moment und nehme mir die Predigt noch einmal vor. Aufmerksam lese ich sie ein zweites Mal. Mein Eindruck verändert sich. Das liegt auch daran, dass ich gerade die übrigen Hinterlassenschaften meines Vaters gesichtet hatte. Ich habe Briefe sortiert, Dokumente geordnet und Fotos angeschaut. Darin begegnete mir mein Vater als Flakhelfer und Marinesoldat, der gegen Ende des Krieges den großen Bruder und gleich nach dem Krieg den Vater verloren hat.

Auch erinnere ich mich an das, was ich über die Geschichte der Gemeinde weiß: In der evangelischen Kirchengemeinde Berlin-Dahlem wirkte Martin Niemöller, ein Anführer der Bekennenden Kirche. Wegen seines Widerstands gegen die Gleichschaltung der Kirche wurde er 1937 verhaftet und unter dem seltsamen Ehrentitel »persönlicher Gefangener des Führers« zunächst im KZ Sachsenhausen, dann in Dachau festgehalten. Nach seiner Verhaftung kam es in Dahlem zu Protesten. In der zur Gemeinde gehörigen St.-Annen-Kirche wurde jede Woche ein Fürbittengottesdienst abgehalten. Dahlem war, das wusste ich noch, einer der Hauptorte des Kirchenkampfes gewesen.

Im Internet stoße ich auf die Dokumentation einer interessanten Ausstellung über diese Gemeindegeschichte. Sie schildert, wie sich in Dahlem der Widerstand gegen die »Deutschen Christen« sammelte. Wie 1934 von hier aus eine Delegation zur Bekenntnissynode nach Barmen fuhr. Wie sich eine Untergrundgemeinde bildete, was auch deshalb möglich war, weil es hier wohlhabende Christen gab, die die inoffiziellen Pfarrer mit Spenden finanzierten. Ich stoße auf ein Foto von Pfarrer Röhricht. Es zeigt ihn gemeinsam mit Niemöller in Barmen. Später sollten die beiden sich entzweien. Denn Röhricht sagte sich nicht von der offiziellen Kirchenleitung los. So konsequent – oder soll man sagen: radikal? – wie Niemöller und dessen Nachfolger Helmut Gollwitzer war er nicht. Was wird mein Vater als damals Vierzehnjähriger von diesen Streitigkeiten zwischen Landes- und Bekenntniskirche mitbekommen haben? Wahrscheinlich sehr wenig. Mein Großvater dagegen als ehemals höherer Beamter wird einen Blick für diesen Konflikt gehabt haben. Aber auf welcher Seite hat er gestanden? Die Konfirmation fand übrigens in der anderen Kirche der Gemeinde statt, der Jesus-Christus-Kirche. Mitten in der Notzeit der ausgehenden Weimarer Republik war sie errichtet worden.

Mit diesen Informationen im Hinterkopf lese ich nun die Predigt und versuche mich zurückzuversetzen in das Frühjahr 1942. Pfarrer Röhricht beginnt so:

Nun ist wieder ein Konfirmationstag da. Viele von euch kenne ich schon seit Jahren, als ihr noch ein ganzes Stück kleiner wart – und nun seid ihr herangewachsen und euer Konfirmationstag ist da. Heute mögen eure Eltern, mögt ihr selbst etwas davon spüren, wie die Jahre dahingehen.

Wir gehen dahin und wandern
von einem Jahr zum andern,
wir leben und gedeihen
vom alten bis zum neuen,
durch so viel Angst und Plagen,
durch Zittern und durch Zagen,
durch Krieg und große Schrecken,
die alle Welt bedecken. –

singt Paul Gerhardt in seinem Neujahrsliede. Das ist der Weg der Menschheit durch die Zeiten, das erleben wir jetzt wieder: »durch Krieg und große Schrecken, die alle Welt bedecken«. Und je älter ihr werdet, desto deutlicher werdet ihr spüren, daß das euer Lebensweg ist.

Bei diesem Predigteinstieg fällt zunächst auf, was fehlt: nationale Begeisterung, Kriegsverherrlichung, Heldentümelei, Soldatenjargon, Siegesgeschrei, Durchhalteparolen, Hasspropaganda, Führerkult. Alles, was acht Jahre zuvor die Einführungspredigt meines Großonkels geprägt hatte und immer noch als alltägliche Propaganda verbreitet wurde. Stattdessen wird mit Paul Gerhardts Hilfe gesagt, wie es wirklich ist: Krieg – das sind Angst, Plagen, Zittern, Zagen. Predigen, so zeigen es diese ersten Zeilen, heißt, nicht lügen.

Was mir noch auffällt, ist, wie ernst der Prediger die Mädchen und Jungen nimmt. Er mutet ihnen viel zu, er traut ihnen viel zu. Er spricht mit ihnen wie mit Erwachsenen. Die ganze Last dieser Zeit stellt er vor sie hin, um ihnen dann die eine Frage zu stellen:

Wohin wird euch euer Lebensweg führen? Werdet ihr den rechten Weg finden, der ans Ziel führt, durch alle Freuden und Nöte, Versuchungen und Kämpfe des Menschenlebens? Von wem werdet ihr euch führen lassen, woran werdet ihr euch halten auf eurem Wege?

Das sind herbe Fragen, mit denen der Konfirmator zeigt, wie ernst er seine Konfirmanden nimmt. Sie müssen sich entscheiden, welchen Weg sie gehen wollen. Beim Lesen stolpere ich über diesen Satz: »Von wem werdet ihr euch führen lassen?«

Wie wird der Prediger ihn gesagt haben – besonders betont oder eher zurückhaltend? Und wie wurde er gehört: als eine der rhetorischen Fragen, die Prediger so stellen, oder als echte Provokation? Wie haben die Konfirmanden diese Frage gehört, und wie ihre regimetreuen oder regimekritischen Eltern?

»Von wem werdet ihr euch führen lassen?« Pfarrer Röhricht versucht eine Antwort zu geben, indem er die Jahreslosung dieses Kriegsjahres auslegt, diesen Vers aus dem Johannes-Evangelium: »Also hat Gott die Welt geliebt, dass er seinen eingeborenen Sohn gab, auf dass alle, die an ihn glauben, nicht verloren werden, sondern das ewige Leben haben.« Pfarrer Röhricht entfaltet den Gehalt dieses Verses im Rahmen einer evangelischen

Normaltheologie. Zunächst betont er die unendliche Entfernung zwischen Gott und Mensch. Der Mensch ist vor Gott ein Nichts, weil er so klein, weil er ein Sünder ist. Er hat Gott vergessen und kann sich aus eigener Kraft nicht retten. Ich frage mich, ob man so über die Menschen predigen darf. Und zwar nicht, weil es auch Gutes zu sagen gäbe über die Würde und die Möglichkeiten der Menschen zum Guten, sondern weil es so allgemein-menschlich und theologisch-abstrakt bleibt und die gegenwärtige Wirklichkeit, die konkreten Erscheinungsformen der Sünde nicht benennt. Oder wäre das von einer Konfirmationspredigt zu viel verlangt? Vielleicht saßen Gestapo-Spitzel in der Gemeinde?

Nach traditionellem Muster folgt auf die Strafrede der Trost: Wir mögen in unserer Sünde verloren sein, aber Gott streckt seine Hand nach uns aus. Gott hat uns lieb, denn Christus ist Gottes ausgestreckte Hand. Dies, so der Prediger, sollten sich die Jungen und Mädchen stets im Bewusstsein halten. Wieder frage ich mich, ob das nicht eine bloß dogmatische Behauptung ist, nicht argumentativ entfaltet, den Hörern nur mit Pfarrerpathos vorgesetzt. Ob das denn wahr ist und wie dies zu denken und zu erfahren wäre, erklärt der Prediger nicht. Dann aber denke ich mir, dass in dieser theologischen Abstraktheit auch eine Stärke liegen könnte. Der Prediger macht keine Anleihen bei der Gegenwart. Er knüpft nicht bei einer Kultur an, die unter der Herrschaft des Bösen dient. Er denkt die Welt allein von Gott aus. Denn jede Anknüpfung an diese Welt wäre eine Versuchung. Jede Vermittlung wäre ein Verrat. Der Prediger bleibt exklusiv und isoliert bei der Sache des Glaubens – ganz anders als mein Großonkel, der zwar auch davon gesprochen hatte, dass Gott die Menschen liebt, dies aber daran zu erkennen meinte, dass der Allmächtige den Führer geschickt hat.

Endlich – ich bin schon auf Seite 3 – komme ich zur wichtigsten Passage der Predigt:

Gott hat auch die Welt, die Menschen von heute lieb, auch in dieser so ernsten Kriegszeit! Jesus sagt nicht: die Guten, die Edlen, die Deutschen oder irgend eine Auswahl von Menschen – nein, ›die Welt‹, wie sie ist, die Menschen unter der Macht von Sünde und Leid und Tod, Gott streckt seine Hand nach allen aus, den guten und schlechten, nach denen, die uns Freund und uns Feind sind, nach den weißen, gelben und schwarzen Menschen. Christus ist allen geschenkt.

Christus ist allen geschenkt, das heißt: Es gibt kein deutsches Christentum, der Glaube ist universal, es darf keine Auswahl und Auslese geben, keine Unterscheidung von lebenswertem und lebensunwertem Leben, keine Feindschaft zwischen den Völkern, ein Christ kann kein Rassist und kein Nationalist sein, nie soll er begeistert in einen Krieg ziehen, immer muss er dem Frieden dienen wollen. Das meint das »Christus ist allen geschenkt«. Wie haben die Konfirmanden und ihre Familien diesen entscheidenden Punkt der Predigt aufgenommen?

Ich lege den Text zur Seite und denke diesen Sätzen hinterher. Mutig hat der Prediger der herrschenden Rassenlehre widersprochen, klar und deutlich. Aber er hat vieles nicht ausgesprochen, die damals vom Regime Verfolgten nicht erwähnt: Juden, Homosexuelle, Kommunisten, Sinti und Roma. Das wäre sehr gefährlich gewesen. Aber ich frage mich, wie stark er sie mitbedacht hat und ob seine Gemeinde dies getan hat.

Schulmäßig endet die Predigt mit einem langen Schlussappell: Es gilt, die Hand Gottes zu fassen und sich nur von Christus führen zu lassen. Das ist eine schwere Entscheidung, eine scharfe Wahl, ein Entweder-Oder: »Man kann nicht Gottes Hand fassen, ohne das Andere, das Böse loszulassen; man kann nicht mit einer Hand Gottes Hand fassen und mit der anderen das Böse festhalten.« Als ich dies lese, denke ich sofort wieder an den Bericht zur Amtseinführung meines Großonkels: Wie er davon schwärmte, dass die Kirche in die ausgestreckte Hand der NS-Diktatur einschlug, um sich fortan nicht mehr nur von Christus, sondern auch von Hitler führen zu lassen. Der Konfirmator meines Vaters wies einen anderen Weg: Wer sich von Christus führen lässt, kann sich von niemandem sonst führen lassen. Und er kann den christlichen Universalismus mit nichts verbinden, was dieses große »Christus ist allen geschenkt« einschränkt oder verletzt.

Mit dieser Predigt ist mein Vater konfirmiert worden. Dann folgte dies: Er wurde als Flakhelfer eingezogen – übrigens gemeinsam mit einem Sohn von Pfarrer Röhricht –, er kam um die Waffen-SS herum, er wurde für kurze Zeit Marinesoldat, der große Bruder fiel, Berlin fiel, der Vater wurde von den Russen verschleppt, Mutter und Schwester überlebten in der gefallenen Hauptstadt, amerikanische Soldaten kamen ins Haus, die Restfamilie verließ Berlin, das Leben ging weiter mit vielen Stationen. Bis es endete und ich die Predigt wiederfand. Ich weiß nicht, was sie meinem Vater bedeutet hat, ob er sie bewusst aufbewahrt und jemals wiedergelesen hat. Gern hätte ich mit ihm darüber gesprochen.

10. April 2016

Welt aus den Fugen

Was die Kirchen
zum gesellschaftlichen Zusammenhalt beitragen können

Manchmal lässt sich eine Zeit in einem einzigen Satz zusammenfassen. Welcher Satz wäre dies heute? Vielleicht dieser: »Die Welt ist aus den Fugen.« Besonders prominent hat Außenminister Frank-Walter Steinmeier diesen Satz zum Grundtenor mehrerer Vorträge gemacht, einmal sogar vor der UNO. Viele beunruhigte Bürger haben es ihm inzwischen nachgesprochen: »Die Welt ist aus den Fugen.« Es gibt so viele, komplexe, brisante Konflikte, aber niemand ist da, der sie ordnen und eindämmen könnte – um von »Lösungen« gar nicht erst zu sprechen. Da sind so mannigfaltige, dunkle Gefahren, doch es scheint keinen zu geben, der sie bestimmen, deuten und auf einen Begriff bringen könnte. Das macht Angst vor Kontrollverlust, vor realem Unheil, aber auch vor eingebildeten Sorgen.

Doch was für ein Bild ist das eigentlich: Welt aus den Fugen? Als ob die Menschheit eine Mauer wäre, Stein sauber auf Stein gesetzt und ordentlich verfugt mit einem genau abgemessenen Schlag Mörtel von der geschickt geführten Kelle. Als ob die Völker dieser Erde eine Fliesenlandschaft wären, eins akkurat neben dem anderen und dazwischen weiße Grenzen. Doch wer sollte der Maurer oder Fliesenleger sein, der alles so in Ordnung bringt?

Im Bauwesen bezeichnet die Fuge den feinen Zwischenraum, der verschiedene Bauelemente auseinander- und so zusammenhält. Eine Mauer, ein Fußboden kann ja nicht nur aus einem Stein, einer Fliese bestehen. Es braucht mehrere davon, aber sie dürfen sich nicht stören, sondern müssen so angeordnet sein, dass sie ein Ganzes ergeben. Doch was für das Bauwesen stimmt, ist für die globalisierte Welt viel zu starr, zu ordnungsfixiert und kontrollorientiert. Die Welt heute ist ein viel zu freies Gebilde, ein beweglicher Komplex höchst vitaler Wesen, zu sehr im Fluss, als dass eine Fugen-Ordnung denkbar oder auch nur wünschenswert wäre.

Man kann auch fragen, wie es denn früher war. Frank-Walter Steinmeier hat dies gut auf den Punkt gebracht: Nach 1945 sei die Welt nicht aus den Fugen gewesen, weil sie in Schutt und Asche gelegen habe. Danach wurde Europa wiederaufgebaut – allerdings so, dass zwei steinharte Gehäuse entstanden, weil dazwischen eine hohe Mauer stand, schrecklich gut gefugt. Wer möchte dahin zurück?

Und doch hat dieser Satz sein Recht. Schaut man in die Ferne – auf den Weltbürgerkrieg in Syrien, den Aufruhr in der arabischen Welt, den unlösbaren Konflikt um Palästina und Israel oder noch weiter zu den afrikanischen Umbrüchen – kann man gar nicht anders, als sich nach einer Art von Ordnung zu sehnen, innerhalb derer man irgendwie auf einen Frieden hinarbeiten könnte. Ein noch größeres Recht aber gewinnt der Satz von der aus den Fugen geratenen Welt, wenn man in die Nähe schaut. Der Zustrom von Hilfesuchenden, aber auch der islamistische Terror zeigen, dass die Unordnung der Welt längst unser eigenes Problem ist. Nicht bloß die fremden Völker da draußen, sondern wir selbst scheinen aus den Fugen geraten zu sein. Es ist zum Erschrecken, in welch kurzer Zeit bei uns etwas Wesentliches zerbrochen ist: ein Einverständnis darüber, was wir sein wollen und wofür wir einstehen. Oder war dieser Grundkonsens schon seit langem aufgekündigt, nur war der Bruch bisher zugedeckt und ist jetzt bloß offenkundig geworden? Die Silvesternacht in Köln, die Verrohung des öffentlichen Gesprächs, die Terrorangst, die Wahlsiege der neuen rechtspopulistischen Partei – sind dies nicht Anzeichen dafür, dass etwas ins Wanken und Rutschen geraten ist?

Da ist es gut, nicht in die Ferne zu blicken, sondern uns selbst zu befragen: Ist die deutsche Wohlstandswelt, sind wir aus den Fugen? Und was könnte uns wieder zusammenbringen? Das ist eine Frage, die sich auch an die Kirchen hierzulande richtet, immer noch. So schwach sie auch erscheinen, richtet sich die Aufmerksamkeit doch unweigerlich auf sie, wenn es um die Frage geht, was den Zusammenhalt in Deutschland fördert. Ein Indiz dafür, dass hier ein berechtigtes Interesse vorliegt, haben die Landtagswahlen in Baden-Württemberg, Rheinland-Pfalz und Sachsen-Anhalt geliefert. Denn die Mitglieder der beiden Volkskirchen unterstützten vornehmlich die Volksparteien. Die rechtspopulistische Partei, die doch angeblich für die Verteidigung des christlichen Abendlandes kämpft, wurde vor allem von Konfessionslosen gewählt. Das legt den Schluss nahe, dass dort, wo es kaum noch kirchliche Bindungen gibt, der rechtspopulistische Protest ein leichteres Spiel hat – wie in weiten Teilen der neuen Bundesländer. Hier gibt es kaum eine Zivilgesellschaft, die den Raum zwischen dem Privaten und dem Staat füllen könnte: zu wenige politische, religiöse oder kulturelle Vereinigungen, in denen Bürger sich bilden und engagieren, streiten und zu Kompromissen zusammenfinden – keine gesellschaftliche Mitte.

Keine gesellschaftliche Mitte – aber stimmt diese Diagnose? Klingt dies nicht zu sehr nach einem alten Lamento? »Verlust der Mitte« war der Titel eines Bestsellers der 50er Jahre, geschrieben von Hans Sedlmayr, einem konservativen Kunsthistoriker mit nationalsozialistischer

Vorgeschichte. Er machte den »Verlust der Mitte« zum Slogan, unter dem modernitätsfeindliche Bildungsbürger und ehemalige Nationalsozialisten sich versammeln konnten. Wenn nicht alles täuscht, erlebt diese Parole gerade eine düstere Renaissance. Zu Recht hat der SPIEGEL-Redakteur Dirk Kurbjuweit die AfD als »eine Partei der Mitte« bezeichnet. Die Rede von der verlorenen Mitte ist gefährlich. Denn wer Mitte sagt, meint meist sich selbst und will andere an den Rand drängen. Es geht ihm weniger um den gesellschaftlichen Zusammenhalt als darum, die Vorherrschaft der eigenen Gruppe zu behaupten.

Deshalb sind die Kirchen gut beraten, in die Klage um die verlorene Mitte nicht einzustimmen. Sie haben auch Anlass genug, die eigene Vergangenheit kritisch zu bedenken, als sie die Mitte der Gesellschaft gebildet haben. Denn wie war es wirklich, als die Welt noch in den kirchlich gesetzten Fugen war? Man schaue sich den diesjährigen Oscar-Gewinner an. »Spotlight« erzählt sehr klug, wie die Journalisten des »Boston Globe« das Missbrauchssystem der katholischen Kirche aufgeklärt haben. Der Kinofilm zeigt eine festverfugte Welt, deren Mitte die katholische Kirche bildete, die Gemeinschaft stiftete, Heimat bot, Gutes tat, aber ein geschlossen-autoritärer Komplex war, in dem Verbrechen an Kindern verübt wurden – nicht als Einzelfälle, sondern als Teil des Systems. Es brauchte einen Außenseiter, einen neuen jüdischen Chefredakteur aus Florida, um sie zu entlarven. Und es brauchte die Überlebenden der Verbrechen, um die böse Ordnung aufzubrechen. Und man bedenke: »Boston« war ziemlich weit verbreitet.

Auch ein Beispiel aus dem protestantischen Norddeutschland zeigt, wie gut es ist, dass die alte Mitte verloren ist. Zurzeit wandert die Ausstellung »Neue Anfänge nach 1945? Wie die nordelbischen Kirchen mit ihrer

NS-Vergangenheit umgingen« durch Gemeinden in Hamburg und Schleswig-Holstein. Man hatte es schon vergessen, was für eine furchtbare, kirchlich aber erfolgreiche Zeit die 50er und 60er Jahre waren. Die evangelische Kirche erlebte einen beispiellosen Aufschwung, versprach sie doch, das Vakuum zu füllen, das die Diktatur hinterlassen hatte. Vielen Entwurzelten und Verunsicherten bot sie Heimat, eine neue Mitte. Zugleich saßen auf den mittleren und höheren Leitungsebenen immer noch nationalprotestantische Kader – oder Schlimmeres –, die einen restaurativen Lutherismus mitsamt seinem antijüdischen Erbgut weiterschleppte. Es brauchte einen epochalen Generationenkonflikt, um diese Autoritäten zu stürzen.

Heute wird der Bedeutungsverlust der Kirchen beklagt. Doch der Rückblick lehrt, wie heilsam es ist, dass die Kirchen keine autoritären Systeme mehr sind, die die Mitte besetzen. Zugleich aber kann man fragen, ob einer Gesellschaft nicht etwas Wesentliches fehlt, wenn es in ihr gar keine religiösen Überzeugungen und Gemeinschaften mehr gibt. Um sich die Schärfe dieser Frage vor Augen zu führen, sollte man nicht nur zu den rechtspopulistischen Protest-Wählern blicken. Man sollte auf den eigenen Wohlstandsindividualismus schauen, der so hohl ist, weil er nichts über sich weiß. Diesen westeuropäischen Mainstream kann man in seiner ganzen Trostlosigkeit am besten in Michel Houellebecqs Roman »Unterwerfung« besichtigen. Entweder indem man das Buch liest oder – noch besser – es sich im Hamburger Schauspielhaus von Edgar Selge vorspielen lässt: ein langer, virtuos-quälender Monolog, in dem ein alternder, in sich verdrehter Intellektueller seine ausschließliche Sorge um sich selbst vorführt. Am Ende stellt er sich vor, seine letzte Rettung wäre, Islamist zu werden – nicht aus Glaubensüberzeugung, sondern aus

Verzweiflung über die eigene Leere und Einsamkeit. Hat man dieses schrecklich komisch-tragische Schauspiel mitdurchlitten, fragt man sich unwillkürlich, was aus einer Gesellschaft werden soll, in der solche Gestalten die Mehrheit bilden.

Nun ist es so, dass die Kirchen nicht mehr die Mitte der Gesellschaft bilden und auch nicht bilden sollen. Aber könnten sie nicht dennoch einen Beitrag dazu leisten, dass unsere Gesellschaft zusammenbleibt, Hass und Angst gemindert werden, ein Raum entsteht, in dem Bürger sich frei entfalten und solidarisch miteinander leben können? Um diese Frage zu beantworten, muss man nicht originell sein. Man kann auf einen Klassiker zurückgreifen: Immanuel Kants Spätwerk »Die Religion innerhalb der Grenzen der bloßen Vernunft« von 1793. In aufklärerischer Fortschreibung reformatorischer Einsichten fordert Kant darin, dass die Kirchen keine sakralen Heilsanstalten oder klerikalen Nebenregierungen sein sollen, sondern »ethisch-bürgerliche Gesellschaften«. Als Zwischen-Institution sollen sie den öffentlichen Raum zwischen dem Privaten und dem Staat so mitgestalten, dass religiös-ethische Urteilsbildung und fruchtbares Bürgerengagement entstehen können. Sie sollen Institutionen der Freiheit sein, die das Wachsen einer humanen Kultur befördern.

Wie wichtig solche religiös-ethischen Zwischen-Institutionen sind, merkt man erst, wenn sie fehlen. Die Verrohung, wie man sie zurzeit erlebt, hat auch damit zu tun, dass es zu wenige »ethische Gemeinwesen« gibt. Deshalb ist es an der Zeit, die verbreitete Geringschätzung von Institutionen kritisch zu befragen. Früher war es ein Zeichen von Fortschrittlichkeit, wenn man gegen Institutionen war. Wer als unabhängiger Geist gelten wollte, gehörte keiner Kirche, Partei und keinem Verein an. Heute aber ist Institutionenfeindlichkeit ein Merkmal der Rechtspopulisten. Sie polemisieren in einer Weise gegen die »Alt-Parteien«, die »Gutmenschen-Pfaffen« und die »Lügenpresse«, dass es für ein aufgeklärtes Individuum nicht mehr »cool« ist, solche Zwischen-Institutionen geringzuschätzen und sich nicht für sie zu engagieren. Denn die Freiheit, in der wir doch leben wollen, ist nicht einfach da. Sie braucht Einrichtungen, in denen sie sich bilden kann. Sie braucht Räume, in denen der Einzelne sie für sich entdeckt und in der viele sie gemeinschaftlich einüben. Es braucht – wie der evangelische Theologe Trutz Rendtorff es nannte – »Institutionen der Freiheit«: selbstkritische, gesprächsfreudige, elastisch gewordene Volkskirchen. Sie sind nicht die Mitte, auch nicht der Kitt der Gesellschaft. Sie sind bewegliche Fugen, die die unterschiedlichen Teile der Gesellschaft so miteinander verbinden, dass etwas Ganzes entsteht. Und die Kirchen sind dies nicht allein, sondern gemeinsam mit anderen zivilgesellschaftlichen Akteuren. Das jedenfalls würde Immanuel Kant unserer so aus den Fugen geratenen Gesellschaft empfehlen.

Ein Beispiel dafür, wie dies gelingen kann, bietet die Flüchtlingskrise. Hier sind die Kirchen besonders gefordert, und sie nehmen die Herausforderung an. Im Gegensatz zu den Polarisierern bemühen sie sich darum, eine Balance zu finden aus Barmherzigkeit und Besonnenheit, aus Nächstenliebe und Nüchternheit. Sie werben für positives Engagement, aber auch für Versachlichung. Dabei predigen sie nicht nur, sondern ihre öffentlichen Gesprächsbeiträge sind durch eigenes Handeln gedeckt. Sehr viele Kirchengemeinden und kirchliche Sozialwerke engagieren sich für Flüchtlinge und erfahren dabei eine erstaunliche Vitalisierung. Sie gewinnen Freiwillige, bieten sich der Nachbarschaft als Hilfsagentur an und beginnen mit anderen Akteuren, anderen Zwischen-Institutionen unvermutete Kooperationen: dem örtlichen Sportverein, dem Supermarkt des Quartiers, dem Theater der Stadt. Dabei machen sie aber auch anstrengende Erfahrungen und tauschen sich darüber ehrlich aus: Gäste, die sich in schwierigen Situationen befinden, sind manchmal eben schwierig. Frustrierend ist dabei auch, wie schwer es ihnen gemacht wird, hier anzukommen. Viele Bürger lernen auf diese Weise »soziale Arbeit« hautnah kennen und gewinnen einen Eindruck von der Schönheit und der Last dieser Arbeit.

Indem viele kirchliche Einrichtungen und Christenmenschen sich für Flüchtlinge einsetzen, gestalten sie ihre Heimat. »Heimat« – das ist ein altes, tiefes und schönes Wort, das man keineswegs den Fremdenhassern überlassen sollte. Es steht für die menschliche Ur-Sehnsucht, auf dieser Welt einen eigenen Ort zu finden. »Heimat« steht für das Glück, einfach nur da sein zu können. »Heimat« steht aber auch für Angst, seinen Platz auf dieser Erde zu verlieren.

Der Hamburger Schriftsteller und Journalist Eberhard Rathgeb hat gerade ein kluges Buch mit dem Titel »Am Anfang war Heimat« veröffentlicht. Er beschreibt Heimat als »Ordnung, System, Gesetz, Wiedererkennen, Bekanntes, Gewohnheiten, Ruhe, Schlafwandeln«. Dann aber erzählt er sehr eindrücklich von seinem Großvater und seinem Vater, die in Argentinien gelebt, gearbeitet, sich beheimatet haben und für die doch Deutschland, die deutsche Sprache und Kultur, ein innerer Zielpunkt, ein Sehnsuchtsort geblieben ist, unwiederbringlich verloren und doch innerlich bewahrt. Wer immer nur zu Hause geblieben ist, kann nicht ermessen, wie viele hinreißende, aber auch widersprüchliche Bedeutungen das Wort »Heimat« besitzt.

Rathgeb zitiert in seinem Heimat-Buch einen Satz von Witbold Gombrowicz. Der polnische Schriftsteller, der viele Jahre im Exil leben musste, hat einmal geschrieben: »Wisset, eure Heimat ist nicht Grójec und Skierniewice, nicht einmal das ganze Land, und das Blut soll euch heiß in die Wangen steigen beim Gedanken, dass ihr selbst eure Heimat seid.« Ihr seid selbst eure Heimat. Das heißt auch: Eure Heimat ist nicht einfach da. Sie ist nicht euer selbstverständlicher Besitz. Ihr könnt euch nicht darauf verlassen, dass sie euch stets zur Verfügung steht. Sondern ihr müsst sie euch durch eigene Anstrengung erwerben, um sie zu besitzen. Ihr müsst das Eure dazu tun, dass es Heimat für euch gibt. Das könnt ihr an niemanden delegieren. Der Staat allein wird es nicht richten, und es anderen zu überlassen, wäre faul. Ihr selbst seid eure Heimat. Die eigentliche Gefährdung eurer Heimat sind deshalb nicht die Fremden, die von außen kommen und vieles zu verändern drohen. Die wirkliche Bedrohung eurer Heimat seid ihr selbst, wenn ihr euch nicht für sie engagiert.

Eine gute Möglichkeit, der eigenen Heimat zu dienen, ist das Engagement für die gesellschaftlichen Zwischen-Institutionen. Die Nachkriegsgeneration wusste das noch. Ihr war schrecklich deutlich, dass eine Demokratie sehr schnell untergeht, wenn man sich nicht selbst für sie einsetzt. Deshalb waren in den 50er und 60er Jahren – eben nicht nur aus Autoritätshörigkeit – so viele Menschen in Parteien, Kirchen und Vereinen aktiv. Das änderte sich dann. Viele verabschiedeten sich in der ruhigen Gewissheit, dass es ja noch genug andere gab, die drinblieben und für einen das Engagement übernahmen. Heute aber ist diese bequeme Haltung an ihr Ende gekommen. Es ist natürlich das gute Recht eines jeden Bürgers, keiner Partei anzugehören, aus der Kirche auszutreten oder keinem Verein beizutreten. Doch ist es die Pflicht eines jeden Bürgers, sich zu überlegen, was er denn dann tun kann, damit der weite

Raum zwischen dem Privaten und dem Staat mit sozialem Leben gefüllt und demokratisch gestaltet wird.

Vor kurzem berichtete ein armenischer Einwanderer in einem Interview der »Süddeutschen Zeitung« von seinem neuen Leben in Deutschland. Er erzählte von seiner guten Position damals in der Heimat, wie aber die Krankheit seiner Frau alles zunichte gemacht hatte. Wie er mit seiner Familie nach Deutschland gekommen sei, um neu zu beginnen. Wie schwer der Neubeginn hier sich gestaltete. Wie kompliziert und langwierig der Weg durch die hiesige Asyl- und Sozialbürokratie für ihn immer noch ist. Dann fragte ihn der Journalist, was ihn denn in Deutschland am meisten überrascht habe. Da sagte der Armenier, die größte Überraschung sei für ihn die Unterstützung gewesen, die er von Deutschen erhalten habe, besonders von Kirchengemeinden und christlichen Freiwilligen: »So viele Leute helfen uns – ich verstehe nicht, warum! Dass die so viel Zeit aufbringen, überrascht mich.« Der Journalist warf ein: »Vielleicht macht es ihnen Spaß.« Nein, widersprach der Armenier: »Das ist keine Erklärung. Spaß können auch Fußball, Theater und Biertrinken machen.«

Wenn die Kirchen als religiös-ethische Zwischen-Institutionen mit dazu beitragen, dass solche Überraschungen in Deutschland möglich bleiben, dann ist unsere Gesellschaft vielleicht doch nicht so aus den Fugen, wie es manchmal scheint.

5. Juni 2016

Welche Lieder sollen wir singen?

Über den ewigen Streit um eine zeitgemäße Religiosität

Die schönsten Geschenke sind diejenigen, die man nie erwartet hätte. Als ich im vergangenen Sommer meinen Patenonkel in San Francisco besuchte, schenkte er mir ein altes Buch, das ihm sein örtlicher Antiquar ans Herz gelegt hatte. Wie dieses Buch seinen Weg ausgerechnet an die amerikanische Westküste gefunden hatte, übersteigt meine Fantasie. Auf dem Titelblatt las ich:

Neues Hamburgisches Gesangbuch zum öffentlichen Gottesdienste und zur häuslichen Andacht ausgefertigt von dem Hamburgischen Ministerio. Mit Eines Hochedlen und Hochweisen Raths Special-Privilegio. Hamburg, 1788.

Darunter findet sich eine Angabe zum ursprünglichen Preis: »Kostet ungebunden 10 Schillinge«.

Dankbar nehme ich das kostbare Stück in die Hand, blättere, lese mich fest. Es besteht kein Zweifel, dies ist ein epochales Werk. Ein Jahr vor der Französischen Revolution bringen die evangelische Kirche und der Rat der Stadt Hamburg ein Gesangbuch heraus, das konsequent den Ideen der Aufklärung folgt: eine Liedersammlung in den Grenzen der bloßen Vernunft. Programmatisch erklärt das Vorwort:

Schon seit langer Zeit ist es nicht bloß unser Wunsch, sondern auch der Wunsch des größten Theils unserer Gemeinen gewesen, daß allhier ein neues Gesangbuch zum Gebrauch bey dem öffentlichen Gottesdienst und nicht weniger zur Beförderung der häuslichen Andacht ausgefertigt werden möchte. Unstreitig wird dieß ein jeder für sehr heilsam und nothwendig erachten, der da weiß, daß unser bißheriges Gesangbuch bey allem darin befindlichen Guten Manches enthält, was zu jetziger Zeit gänzlich unbrauchbar und der wahren Erbauung mehr hinderlich als beförderlich ist.

Neue Lieder also sollten die Menschen singen, die zu ihnen und ihrer Zeit passen, an Stelle der alten Lieder, die unbrauchbar geworden sind. Ich blättere und finde von den klassischen Chorälen kaum mehr etwas. Im Hamburgischen Gesangbuch von 1788 gibt es keine Lieder zum Kirchenjahr, nichts zum Advent, zu Weihnachten, Ostern oder Pfingsten. Ich kann es kaum glauben, aber es gibt keinen einzigen Luther-Choral. Auch nach Paul Gerhardt suche ich vergeblich. Das hat auch sein Gutes: Die schrecklichen Gottesbilder, die furchtbare Rede vom göttlichen Zorn, die beschämenden Sündenbeschwörungen, die düsteren Klagen über das irdische Jammertal, die komplizierten Dogmen, die mystischen Verstiegenheiten und die erregte Erlösungssehnsucht – all das, was die altprotestantischen Lieder ausgezeichnet hat und sich nicht mehr in aufgeklärte Zeiten fügt, ist aussortiert. Also kein »Wie soll ich dich empfangen«, kein »Vom Himmel hoch, da komm ich her«, kein »O Haupt voll Blut und Wunden«, keine »feste Burg«, nicht einmal ein »Lobet den Herren« oder – besonders schmerzlich – ein »Geh aus, mein Herz, und suche Freud«.

Stattdessen sollten die Hamburger Lieder singen, die eine vernünftige Theologie zum Klingen brachten. Diese loben in mildem Optimismus die göttliche Weltregierung, die am Ende alles irgendwie zum Guten wendet. Vor allem besingen sie die herrschende Moral, die »Pflichten gegen uns selbst«, »gegen die Nächsten« und die »besonderen Pflichten« gegenüber der »häuslichen

Gesellschaft«, der Obrigkeit oder den Lehrern. Sie preisen Gerechtigkeit, Redlichkeit und »Arbeitsamkeit«. Auch dieser gereimte Moralismus hat sein Recht. So stellte er zum ersten Mal in der Geschichte des Protestantismus das Recht eines Christen fest, glücklich zu sein.

Die aufgeklärten Verse wurden meist zu bekannten Melodien gesungen, etwa von »Nun ruhen alle Wälder«, »Ich singe dir mit Herz und Mund« oder »Wie schön leuchtet der Morgenstern«. Aber die Vorbilder selbst wurden getilgt. Nach langem Suchen finde ich von den guten alten Chorälen immerhin zwei, drei noch vor: »Befiehl du deine Wege« und »Wer nur den lieben Gott lässt walten« – stille Vertrauenslieder, die ohne jede Dogmatik auskommen.

Ich staune und lächle – dieses Gesangbuch verfolgt konsequent ein berechtigtes Anliegen. Aber in seiner Radikalität erscheint es ebenso grausam wie töricht. Der Glaube lebt doch nicht von der Vernunft allein und von einer zeitgemäßen Theologie, sondern auch von der Kraft seiner Bilder, dem Geheimnis seiner Poesie, der Magie seiner Klänge. Der Glaube von heute braucht die Begegnung mit dem Glauben von früher, um aus ihm zu schöpfen und sich an ihm abzuarbeiten. Ein im aufgeklärten Sinne saubergemachter Glaube ist so trocken und traurig wie dieses Gesangbuch, von dessen neuen Liedern heute kein einziges mehr gesungen wird. So markiert es eine kirchenmusikalische Sackgasse, die allerdings in den folgenden Jahrhunderten noch mehrfach angefahren werden sollte.

Wieder in Hamburg angekommen, stellte ich mein Geschenk ins Regal wie einen Sonderling. Aber bald bekam es einen Nachbarn. Ein befreundetes Auktionshaus wies mich darauf hin, dass es bei der nächsten Auktion ein altes Gesangbuch versteigern würde: ein schönes

Stück, mit dickem Ledereinband und zwei Silberschnallen, Kiel 1805, vorne zudem allerlei Einträge der Vorbesitzer, einer Familie Claussen aus Holstein – ob ich mit denen verwandt sei? Zum ersten Mal in meinem Leben gab ich bei einer Auktion ein Gebot ab und bekam das Gesangbuch. Denn ich war der einzige Interessent.

Dieses Kieler Gesangbuch ist doppelt so dick wie das Hamburgische, und es verfolgte einen anderen Plan. Zwanzig Jahre später, nach der Französischen Revolution und mitten in den Napoleonischen Kriegen, suchte es nach einem Kompromiss zwischen dem Neuen und dem Alten.

Diese Sammlung soll die bereits vorhandenen Gesänge verbessern, diejenigen, welche ihrer Bestimmung nicht genug zu thun scheinen, mit anderen verwechseln, und auch neue mit Fleiß und wahrer Theilnehmung an ihrem Inhalte ausgearbeitete Lieder, besonders über Materien, worüber man noch keine brauchbaren hatte, zu jenen hinzufügen.

Die Schleswig-Holsteiner verfolgten also einen progressiven Traditionalismus, eine konservative Fortschrittlichkeit. Sie verbanden das Streben nach einem aufgeklärten Glauben mit dem Sinn für die Poesie der alten Worte und Klänge. Dies war ein Versuch, das Beste aus zwei kirchenmusikalischen Welten zu verknüpfen. Man sang immer noch die vernünftigen Tugendlieder, aber nun wieder auch die alten Choräle: im Advent »Mit Ernst, o Menschenkinder«, zu Weihnachten »Lobt Gott, ihr Christen alle gleich«, zur Passion das schrecklich-schöne »Ein Lamm geht hin und trägt die Schuld«, dann im Sommer das herrliche Naturlied »Himmel, Erde, Luft und Meer« und zum Reformationstag Luthers »Ein feste Burg ist unser Gott«.

Als ich beide Gesangbücher ins Regal stellte, dachte ich mir, dass die Geschichte der evangelischen Choräle eine »ewige Wiederkehr des Gleichen« darstellt. Denn der Streit zwischen den alten und den neuen Liedern wird in der evangelischen Kirche immer noch geführt. Zudem fragte ich mich, wie die Menschen damals eigentlich die Wechsel in der Choral-Politik erlebt haben.

Die Antwort gab mir ein Bekannter, der als Historiker an einem wunderbaren Buch-Projekt mitarbeitet: einer Edition der Tagebücher von Ferdinand Beneke. Dieser war ein bedeutender Hamburger Politiker und Jurist. Seine Aufzeichnungen von 1792 bis 1848 schildern das gesamte damalige Leben in einer höchst bewegten Zeit: Stadt- und Weltpolitik, Musik und Literatur, Alltag und Religion. Beneke besaß präzise politische und gesellschaftliche Kenntnisse, denn er arbeitete als Oberaltensekretär an einer Schaltstelle der Stadt. Das Kollegium der Oberalten, das es übrigens heute noch gibt, setzt sich aus Vertretern der fünf Hauptkirchen zusammen. Damals war es für Hamburgs Sozialpolitik und Armenpflege zuständig. Benekes Tagebücher werden seit einigen Jahren wissenschaftlich ediert. Im Jahr 2021 soll die Ausgabe abgeschlossen sein und 20 Bände umfassen. Noch ist vielen Hamburgern nicht bekannt, was für ein Schatz hier der Öffentlichkeit zugänglich gemacht wird.

Als junger Mann war Beneke ein Anhänger der Aufklärung, auch religiös. Die orthodoxe Kirchenkultur war ihm fremd, aber am Christentum wollte er festhalten – als aufgeklärter Protestant. So schrieb er am 17. Oktober 1794 über einen Gottesdienstbesuch:

Heute gehe ich zum zweiten Mahle in meinem Leben zum Abendmahl. Als vernünftiger Mann kann ich es meinen Beyfall nicht versagen, daß eine Gesellschaft religiöser Christen das Andenken des großen Stifters ihrer

Religion feiert; so werde auch ich durchdrungen von Liebe und Achtung gegen einen der edelsten und weisesten Männer. Ohne Veranlassung würde ich diese religiöse Handlung nicht mitmachen, weil das Andenken an brave Männer nicht an gewisse Zeiten und Gebräuche gebunden seyn muß. Weil Aberglaube und abweichende Observanz diese Handlung ganz um ihre ursprüngliche Bestimmung gebracht hat, und weil die Ceremonien nicht unsern Zeiten anpassend sind.

Ich sehe vor mir, wie distanziert Beneke dem Ritus gefolgt sein wird. Die aufgeklärten Lieder aus dem damaligen Gesangbuch aber dürfte er gern mitgesungen haben.

Zwei Jahre später, am 19. November 1796, ging Beneke zu Pastor Wolters in die Hauptkirche St. Katharinen, um die Beichte abzulegen. Das musste man damals tun, wenn man am Sonntag darauf das Abendmahl empfangen wollte. Als aufgeklärter Protestant machte sich Beneke so seine eigenen Gedanken zu diesem Ritus:

Meine Grundsätze in Rücksicht auf diese Handlung haben sich nicht geändert. Ferner zeige ich meinen jetzigen Mitbürgern meinen guten Willen, Theil an ihrer, hier in Hamburg noch ziemlich engen christlichen Verbrüderung zu nehmen, von der sich izt so Mancher aus inhumanem Vernunftsfanatismus ausschließt. Meine Vernunft hat nichts dagegen. Füllt der erhabene Gedanke der öffentlichen freymüthigen Verehrung eines großen Menschen mein Herz, wie hat es denn Platz für die widrigen Eindrücke kleinlicher tadelsüchtiger Bemerkungen über die miserablen Nebensachen der Ceremonie? So lange ich solche Gründe für und keinen sittlichen Grund wider diese Handlung habe, werde ich sie begehen, und kein intoleranter fanatischer Bonze der Bilderstürmersekte seyn. Pastor Wolters stimmt mit mir überein. Sein Betragen im Beichtstuhl war brav. Von Sünden, Vergebung und dergleichen dummem Zeug war natürlich nicht die Rede.

Ehrlich gesagt, viele Hamburger Bürger würden es heute ähnlich formulieren. Sie achten religiöse Traditionen, halten aber Distanz zu Lehre und Ritus. Sie fühlen sich selbst als Christen, würden aber ohne äußeren Anlass keinen Gottesdienst besuchen. Von den alten Kirchenliedern kennen sie nur noch die ganz populären. Diese aber singen sie durchaus gern. Die neueren dagegen sind noch nicht zu ihnen vorgedrungen.

Doch Beneke sollte seine Einstellung ändern. Seine jugendliche Begeisterung für die französische Revolution wandelte sich nach der schlimmen Franzosen-Zeit in einen regelrechten Hass auf den napoleonischen Imperialismus. Er begeisterte sich für den neuen deutschen Nationalismus und entwickelte eine intensive Frömmigkeit. Ein zweites Beichtgespräch zehn Jahr später verlief deshalb ganz anders. Da war es ein Pastor Grautoff, der versuchte, Beneke das alte Ritual in aufgeklärter Manier zu erleichtern. Doch diesmal reagierte Beneke empört:

Armer Mann, wenn das Dein Ernst wäre! Also keine Spur ächter Gottesverehrung, kein Funke des ewigen Feuers, kein Wehen des Himmelssinns, kein Strahl des heiligen Lichts, nicht einmal ein Ausdruck der Begeisterung, womit Dankbarkeit, und Liebe das Herz jedes Christen biß zur Sehnsucht erfüllen müßte, wenn er seinen Christus einmal recht denkt, faßet, und begreifet. Nichts, als kalte Vernunft mit ihrem Postulat: Vernunftmoral.

Der Gottesdienst, der dieser unerbaulichen Beichte folgte, enttäuschte Beneke ebenso. Die Predigt erschien ihm »kalt«, die Kirche kahl, das Singen »erbärmlich«.

Nur die schöne, herrliche, gutgespielte Orgel erquickte den verschmachtenden, überall von dürren Sandwüsten umgebenen Religionssinn und stillte das Sehnen.

Beneke verspürte nun einen »religiösen Sinn« und eine Sehnsucht, die von den vernünftigen Hamburger Pastoren, ihren zeitgemäßen Predigten und tugendhaften Liedern nicht befriedigt wurden. Er suchte eine romantische Frömmigkeit, die sich an den alten Traditionen wieder erbauen konnte. Hierzu verfasste er 1809 sogar eine eigene Denkschrift.

Eine poetische Erhebung ist wenig Völkern so nötig als dem eher zur Gleichgültigkeit als zum Fanatismus geneigten Deutschen Volke. Unsre herrliche Christus-Religion, die ganz und einzig dazu geeignet ist, nicht bloß die Sitten sanft und den Menschen gut zu machen, sondern auch ihn zu begeistern für das Göttliche und für das höchste Menschliche – diese unsre treffliche Religion, ist sie noch heimisch in dem Gemüthe des Volks?
Früher waren die Menschen glücklicher und besser als das profane Gesindel unserer Zeit, das mit thörichter Aufgeblasenheit auf die frömmeren Vorfahren zurükblikt, weil es über die Fortschritte der äußern Kultur die Rükschritte des innern Menschenthums vergißt. Was habt ihr dem Volk zum Ersatz für die zerbrochenen Formen gegeben? Bringt Euch Eure prosaische Altklugheit denn ein Haar breit weiter, oder steht Ihr nicht vielmehr mit Euren Aufklärungszöpfen, Eurem armseligen Vernunftgeklingel wie die Bettler neben dem geringsten Priester, dem Gott im Gemüthe erscheint, der mit Rüh-

rung, Demuth und Begeisterung dessen zeugt und der in andächtiger Weihe sein Herz ergießt, weil es zu reich und zu voll ist für prosaische Maaße? So ist es gekommen, daß der Protestantismus, der mit heiliger Kritik das Göttliche läutern sollte von unreinem Zusazze, das Göttliche selbst mit unheiligem Sinne zu zerstören gesucht, und an der Stelle eines Raphael-Gemäldes ein Buch über die chemische Bereitung der Farben gesezt hat.

Diese Kritik am aufgeklärten Protestantismus ist kein Anzeichen einer reaktionären Gesinnung. Beneke will nicht zurück zur orthodoxen Konfessionskirche, zum doktrinären Altluthertum. Ihm schwebt ein überkonfessionelles Christentum vor, das die Errungenschaften der Aufklärung verbindet mit einer romantischen Sensibilität für das »ganz Andere« des Glaubens und deshalb nicht nur zeitgemäße Lieder singt, sondern sich gerade an den alten, sperrigen und geheimnisvollen Chorälen erbaut. Dieses Programm ist immer aktuell, seine ästhetische Umsetzung war aber schon damals eine Herausforderung.

Uns verlangt nach ganz andern Harmonien als das bloße Tonleiterspiel der Vernünftler oder die Kindermusik der Sekten oder die Stümperphantasien der Mystiker. Uns verlangt nach Aeols-Harfenstimmen, obwohl schon ein schöner, herziger, feyerlicher Choral uns erfreut.

Sehr schön hat Beneke übrigens seine Gedanken 1817 zum Reformationsfest formuliert. Sie enthalten einiges, was heutige Protestanten bei ihren Jubiläumsvorbereitungen für das kommende Jahr bedenken sollten:

Als ein öffentliches Jubelfest will mir das Reformationsfest nicht gelingen. Schon beym ersten Erwachen leuch-

teten der theure Gottesmann Luther und die Freyheit des Geistes, welche er allen Christen erstritten, durch mein Gebet. Als ein öffentliches Kirchenfest kann mir diese Feyer aber nicht zusagen, weil die Reformazion wie alles Menschenwerk nicht rein genug ist, sowol in ihrer Katastrophe selbst als in ihren religiösen und politischen Folgen (unter welchen wir die unseligste, blutigste Periode unsers deutschen Vaterlandes mitzuzählen nicht vergeßen dürfen). Und weil dieses Fest als öffentliche Jubelfeyer immer einen polemischen, sich gegen katholische Mitchristen triumphirend rühmenden Charakter hat, der weder mit dem liebreich innigen und demüthigen Charakter des Christenthums noch mit der Unsicherheit übereinstimmen kann, welche über alle unsre verschiedenen Ansichten des Lebens und der Kirchen schwebt. Die Evangelische Kirche und die Katholische – beyde sind die Träger und Säulen Eines Tempels. Darum freue sich jede ihrer Eigenthümlichkeit. Sie erkenne auch an der Schwesterkirche das Gute in dem, was in ihr anders ist. Aber nicht lautjubelnd rühmen müße sich die Eine ihrer Vorzüge vor der anderen mit Festgeläute, Kanonendonner und Triumph. Ach, beyden Christenparteyen hat der gnädige Gott viel zu vergeben!

Mit diesen Gedanken im Kopf wird man beim nächsten Reformationstag Luthers »Ein feste Burg ist unser Gott« nicht aus dem Programm streichen. Aber man wird diesen Choral anders singen, als man dies in konfessionalistischen Zeiten getan hat – nicht so laut und aggressiv, sondern zart und innig.

4. September 2016

Gegen den Hass

Was vergiftet das gesellschaftliche Klima – und was können Christen dagegen tun?

Am kommenden Freitag wird ein neuer Präsident der Vereinigten Staaten von Amerika vereidigt. Das ist an sich keine Katastrophe. Es ist eher die Folge eines Knäuels von Katastrophen und der Beginn einer Katastrophen-Lawine.

Viel ist über die amerikanische Wahl diskutiert worden. Hintergründe wurden analysiert und Prognosen erstellt. Der Schock, den die Wahl vor gut zwei Monaten ausgelöst hat, ist aber immer noch frisch. Man kann ihn nicht wegerklären und sich nicht daran gewöhnen. Denn etwas ist geschehen, das kaum zu verstehen und nicht zu verzeihen ist: ein Zivilisationsbruch. Hier wurde etwas zerstört: ein Konsens über die Demokratie, ihre Grundregeln und wichtigsten Institutionen, ein Einverständnis über eine offene Gesellschaft, ein Gefühl für Anstand und Respekt. Auch wenn die Vereinigten Staaten schon lange unter gravierenden politischen Problemen litten, standen sie immer noch für Freiheit und Fairness, Demokratie und Sportsgeist, Fortschritt und Humor, Gleichberechtigung und Coolness. Dieses Bild ist zerbrochen.

Etwas anderes ist an die Macht gekommen. Es sieht hässlich aus, ist laut, klingt dumm, wirkt gemein und macht Angst. Es erkennt keine anderen Prinzipien an als die eigene Eitelkeit und Habgier. Es wird mit unvergleichlicher Macht das politische Schicksal nicht nur der USA, sondern der Welt bestimmen. Wie konnte es dazu kommen?

Zur Begründung wurde vor allem auf den Abstieg der bisherigen weißen Mittelschichten hingewiesen. Ein globalisierter Kapitalismus hat die gesellschaftlichen Grundlagen, auf denen er selbst ruhte, zerstört. Ein rücksichtsloses Profitdenken, ein epochaler Verlust einstmals sicherer Arbeitsplätze, eine Privatisierung vieler öffentlicher Bereiche und eine Kommerzialisierung fast des ganzen Lebens – das sind Stichworte, die anzeigen, welch zerstörerische Kraft eine freie Marktwirtschaft entfalten kann, wenn sie keinen starken rechts- und sozialstaatlichen Rahmen besitzt. Im vernachlässigten Binnenland der USA sind die Folgen zu besichtigen: kein solides Bildungssystem, keine stabilen Berufsaussichten, keine soziale Absicherung, keine Perspektiven für die abgehängten Landesteile. Inzwischen beginnen auch die liberalen Meinungsführer an den Küsten, die sich bisher nur für ihre privilegierten Bedürfnisse interessiert hatten, dies wahrzunehmen.

Aber es sind nicht nur wirtschaftliche und soziale Gründe, die zur Wahl des neuen Präsidenten geführt haben. In ihr zeigt sich auch etwas, das schwerer zu greifen ist – etwas Irrationales, ein dunkles Gefühl. »Ängste« werden genannt, die viele Menschen umtreiben: Ängste, die sich nicht auf klar benennbare sozio-ökonomische Fragen beziehen, sondern tiefer gehen – eine grundsätzliche Verunsicherung. Mit dem wirtschaftlichen und technologischen Wandel haben auch alte kulturelle Orientierungen ihre Gültigkeit verloren. Ehemals ehrwürdige Traditionen sind brüchig geworden. Herkömmliche Regeln scheinen nicht mehr zu funktionieren. Konventionelle Rollenmuster und Bindungen lösen sich auf. Der Nahbereich des Heimatlichen gibt keine Sicherheit mehr. Zur wirtschaftlichen Verunsicherung kommt eine kulturelle hinzu, und beide befördern einander. Der ökonomische Neo-Liberalismus und der kulturelle Sozialliberalismus haben offenkundig mehr miteinander zu tun, als ihren Propagandisten bewusst ist.

Gemeinsam fördern sie bei denen, die nicht zu den Veränderungsgewinnern gehören, Ängste.

Angst soll man ernst nehmen. Das ist aber nicht leicht. Denn anders als konkrete Sorgen, auf die man direkt reagieren kann, sind Ängste zu unbestimmt, als dass man ihre Ursachen mit bestimmten Aktionen beheben könnte. Problematisch ist die Rede von den Ängsten, die man ernst nehmen soll, zudem, weil sie der politischen Analyse etwas unangenehm Therapeutisches geben – so als hätten die Wähler des neuen Präsidenten ein psychisches Problem, von dem sie geheilt werden müssten. So nimmt man der Auseinandersetzung die angemessene Schärfe.

Es geht ja auch gar nicht vorrangig und allein um Angst. Es geht vor allem auch um Wut: Wut auf die Verhältnisse, Wut auf die Verantwortungsträger, Wut auf die Reichen, die die Früchte der Globalisierung ernten und die Kosten der Allgemeinheit übergeben, Wut aber auch auf diejenigen, die etwas anderes darstellen. Dieses Andere kann eine dunklere Hautfarbe, eine fremde Nationalität, eine abweichende religiöse Position oder sexuelle Orientierung sein. Diese Wut auf die anderen, die oft die noch Ärmeren sind, mag irritieren, ist aber leicht zu erklären. Wer meint, nichts zu haben, will wenigstens eine Identität besitzen. Da es anspruchsvoll ist, seine Identität positiv zu bestimmen, ist es attraktiver, dies negativ zu tun. Dazu muss man nur eine Gruppe finden, von der man sich abgrenzen kann, indem man sie als fremd etikettiert und der allgemeinen Verachtung preisgibt. Es ist ein Grundbedürfnis, dass es Menschen geben muss, die noch unter einem stehen. So kann man sich am besten vor Beschämung schützen und ein Mindestmaß an Selbstachtung retten. Der tief verwurzelte Rassismus in Nordamerika hält hierfür mancherlei bereit. Es ist also kein Selbstwiderspruch, dass perspektivlose

Menschen aus der Provinz einen Multimilliardär aus New York gewählt haben, nur weil dieser so rabiat ihre Wut bedient. Das entspricht ihren Interessen – nicht ihren politischen und wirtschaftlichen, wohl aber dem, was sie für ihre emotionalen Interessen halten.

Wut an sich ist nichts Verwerfliches. Sie kann eine positive Kraft sein und dazu führen, dass lang unterdrückte Konflikte offen ausgetragen werden. Deshalb gehört ein Mindestmaß an Wut zur Demokratie. Aber sie ist kein Gedanke, sondern ein heißes Gefühl. Deshalb lässt sie sich so leicht manipulieren. Oligarchen, Diktatoren und Medienmogule wissen, was sie an ihr haben. Wer nur geschickt die Wut der Massen aufwiegelt, kann Macht gewinnen und behaupten, von realen Problemen und eigenen Interessen ablenken. Es genügt, die allgemeine Wut auf irgendeine andere Gruppe zu richten. Besonders erfolgversprechend ist es, die Armen oder die ethnischen Minderheiten zu beschämen, um so den zum Teil berechtigten Zorn der Bevölkerung auf Menschen zu richten, die noch eine Stufe unter einem stehen und die sich nicht wehren können. Diese Methode hat eine zweite Seite: die Abschottung nach außen. Autoritäre Demagogen finden oder erfinden einen äußeren Feind, vor dem sie die Bevölkerung zu beschützen vorgeben. Diese Abschottung nach außen entspricht der Spaltung im Inneren. Der neue Präsident der USA hat gezeigt, welche Erfolge man mit dieser Doppelstrategie erzielen kann. Man muss nur fähig sein, in einem Ausmaß zu lügen und zu beleidigen, wie es normalen Menschen nicht möglich ist.

Das Problem bei dieser Strategie der Abschottung nach außen und der Spaltung nach innen ist allerdings, dass man sie nach einem Wahlerfolg nicht fallen lassen kann. Es ist nicht möglich, sich im Amt zu mäßigen und professionell-besonnen zu regieren, weil sich dann die

Wut, die man entfacht hat, gegen einen selbst richten würde. Nun ist beim neuen Präsidenten nicht mit Mäßigung, Professionalität, Besonnenheit und Selbstdisziplin zu rechnen. Auch seine Mannschaft, die zum großen Teil aus ruchlosen und radikalen Personen besteht, lässt dies nicht erwarten. Die einzige Hoffnung ist, dass der neue Präsident an der eigenen Berufsunfähigkeit scheitert. Doch diese Hoffnung wurde schon im Wahlkampf enttäuscht. Man muss sich also auf das Schlimmste einstellen.

Die USA liegen auf der anderen Seite des atlantischen Ozeans, sie sind in vielem eine fremde Welt. Doch einige Entwicklungen, die dort zu einem katastrophalen neuen Präsidenten geführt haben, lassen sich ebenfalls in Deutschland beobachten. Auch hier gibt es Veränderungsverlierer, abgehängte Landesteile, Bevölkerungsschichten ohne Perspektiven, Zorn über das Versagen von Verantwortungsträgern, Abstiegsängste, Orientierungsverluste – und sehr viel Wut und Hass. Auch hierzulande werden mit der Doppelstrategie »Abschottung nach außen – Spaltung im Innern« Wahlerfolge erzielt. Die offene Gesellschaft, die dem aufgeklärten Bürger und evangelischen Christen am Herzen liegt, wird angegriffen, verliert aber auch selbst an Überzeugungskraft. Was lange als unbestreitbares Erfolgsmodell westlicher Fortschrittsgeschichte galt, steht plötzlich in Frage. Und eine Hilfe ist von der ehemaligen transatlantischen Schutzmacht nicht zu erwarten. Im Gegenteil, sie ist auf die Seite der Feinde der offenen Gesellschaft gewechselt. Wir müssen in Deutschland also unsere demokratische Grundordnung selbst verteidigen. Was wäre dafür zu tun?

Ein erster Schritt besteht darin, das Wort »Feind« neu zu buchstabieren. Wir brauchen einen politischen und theologischen Begriff von »Feindschaft«. Das klingt ungewöhnlich, besonders wenn es von einem Theologen kommt. Evangelische Freunde der offenen Gesellschaft und aufgeklärte Protestanten haben eine Meisterschaft im Brückenbauen entwickelt: in Dialogen werden fremde Menschen in Beziehung zueinander gesetzt, Konflikte werden durch Moderation entschärft, Interessengegensätze in Konsense verwandelt. Das ist eine hohe Kunst. Aber sie stößt an Grenzen, wenn sie es tatsächlich mit Feinden zu tun bekommt. Und diese gibt es. Man muss es nüchtern feststellen: Die offene Gesellschaft hat Feinde. Deshalb muss man verstehen, was dieses Wort bedeutet. (Dazu muss man übrigens nicht bei Carl Schmitt nachschlagen; es reicht, die Bibel in die Hand zu nehmen, in der dieses Wort sehr häufig vorkommt.)

Ein Feind ist zu unterscheiden vom Gegner. Der Gegner bewegt sich im selben Rahmen, gehört zum gleichen System, teilt viele Grundüberzeugungen. Vieles sieht er anders und will es anders haben. Er ist ein Konkurrent, mit dem man sich streiten muss, manchmal mit Wut, vor allem aber mit besseren Argumenten. Natürlich möchte man den Gegner stets besiegen. Da dies jedoch nicht möglich ist, wird man lernen müssen, dessen Siege zu akzeptieren oder einen Kompromiss mit ihm auszuhandeln. Der Feind aber ist mehr und etwas anderes als ein Gegner: Er hasst uns und unsere politische Kultur, teilt unsere Grundvorstellungen nicht, will ein anderes System. Deshalb beschränkt er sich nicht darauf, an den herrschenden Verhältnissen und Kräften eine präzise und konstruktive Kritik zu üben, sondern versucht, ihnen die Legitimität abzusprechen. Denn der Feind will diese Gesellschaft abschaffen und durch etwas anderes ersetzen. Seine Waffe ist dabei nicht das Argument, sondern die Gewalt: die kommunikative, psychische oder körperliche Gewalt. Deshalb muss man mit ihm anders streiten als mit dem Gegner: Er darf keinen noch so kleinen Anteil an der Macht erhalten, sein Sieg ist unter allen Umständen zu verhindern, Kompromisse sind mit ihm nicht erlaubt. Es darf kein Appeasement geben. Man darf nicht vor dem Feind zurückweichen. Man muss ihm widerstehen.

Einen Fehler darf man dabei allerdings nicht begehen: Man sollte den Feind nicht hassen, dessen Hass nicht mit Gegen-Hass beantworten. Denn der Hass ist ebenso wie die Wut kein hilfreicher Gedanke, sondern nur ein heißes Gefühl, das sich leicht manipulieren lässt. Vor allem macht der Hass abhängig von dem, den man hasst. Er lässt einen am Bösen anhaften. Gebannt verfolgt man dann die öffentlichen Auftritte seines Feindes, konsumiert seine Propaganda, starrt auf seine Erfolge – und nicht selten wird man ihm dabei ähnlicher, als einem lieb sein kann. Man kann dies bei einigen antifaschistischen Aktivisten beobachten. So unerfreulich es klingt: Hass stiftet nicht selten eine festere Bindung als Liebe. Wer seinen Feind nicht hasst, sondern emotional Distanz zu ihm hält, ist besser in der Lage, das zu tun, was notwendig ist, nämlich: die eigenen Schwächen ehrlich zu analysieren, sich auf die eigenen Stärken zu besinnen, ein positives Ziel zu beschreiben, neue Strategien zu entwickeln, umsichtig ihre Vor- und Nachteile zu prüfen, sich verlässliche Verbündete zu suchen und dann mit ruhiger Hand dem Feind Widerstand zu leisten, ohne ihm ähnlich zu werden.

Unsere politische Kultur, die offene, freie, demokratische, rechts- und sozialstaatliche Gesellschaft hat zurzeit nicht nur einen Feind, sondern mehrere. Zu diesen Feinden gehören autoritäre Regime wie Putins Russland oder Erdogans Türkei, Religionsdiktaturen wie das sunnitische Saudi-Arabien oder der schiitische Iran, terroristische Organisationen im Aus- und Inland von Islamisten oder Rechts- sowie Linksextremisten sowie populistische Wut-Bewegungen. Auch im Weißen Haus wird bald ein Feind der offenen Gesellschaft residieren. Der Kampf gegen diese Feinde kann sehr unterschiedliche Formen annehmen: mit einigen muss man auskommen und verhandeln – das nennt man Diplomatie –, gegen andere muss man sich mit polizeilichen und militärischen Mitteln verteidigen, gegen andere wiederum muss man sich mit einer Mischung aus Diplomatie und Gegengewalt durchsetzen. Aber wehren müssen wir uns. Dafür brauchen wir einen klaren und nüchternen Begriff von Feindschaft.

Das ist ein erster Schritt. Ein zweiter besteht darin, wieder politisch zu werden. Die Zeiten sind vorbei, da die Demokratie sich von allein verteidigt hat. Als Bürger muss man sich heute engagieren. Dazu sollte man sich nur in Erinnerung rufen, was wir allen Krisen zum Trotz an der gegenwärtigen Ordnung in Deutschland und Europa haben: eine einmalige Chance, in Frieden und Sicherheit zu leben, sich frei zu entfalten. Das ist ein hohes Gut, das so gar nicht selbstverständlich ist.

Um es zu bewahren, braucht es einen verlässlichen Staat. Die offene Gesellschaft braucht eine funktionierende Verwaltung, ein vertrauenswürdiges Rechtssystem, eine soziale Ordnung. Von seinem Staat kann der Bürger nur etwas fordern, wenn er ihn respektiert. Dazu gehört, dass er von ihm Leistung einfordert, ihn aber nicht mit Erwartungen überfordert. Zudem braucht es Parteien, die die politische Willensbildung organisieren. Sie müssen gestärkt werden. Sie verdienen Interesse, präzise Kritik und Beteiligung. Mehr und geeignetere Menschen müssen sich in ihnen engagieren. Denn der Pool, aus dem die Verantwortungsträger ausgewählt werden, ist zu klein. Auch braucht es lebensfähige Qualitätsmedien, um den Bürgern politische Bildung zu vermitteln. Zeitungen und Zeitschriften mit Niveauanspruch sowie öffentlich-rechtliche Medienanstalten sind unverzichtbar. Die sozialen Netzwerke sind viel zu anfällig für Manipulationen, als dass sie sie ersetzen könnten. Schließlich braucht es lebendige Zwischen-Institutionen, die den Raum zwischen dem Staat und dem Privaten gestalten: Vereine, Verbände, Gewerkschaften, verbindliche Netzwerke und auch die Kirchen. Hier können Bürger sich für ihre Belange einsetzen, politische Erfahrungen sammeln, einen Einblick in die Komplexität der Dinge nehmen und die Mühen, aber auch die Freuden der Kompromisssuche erleben. Das ist mehr, als nur im Internet Meinungen von sich zu geben. Lange war es Mode, sich von allem Institutionellen fern zu halten. Das können wir uns nicht mehr leisten. Denn die offene Gesellschaft ist nicht einfach da. Sie wird gemacht von denen, die in ihr leben wollen und sich in großen und kleinen Institutionen für sie engagieren. Dies zu sagen, ist nicht originell. Aber solange die schöne neue Welt der Zukunftstechnologien keine besseren Ideen hervorbringt, sollte man sich an dieses alte Rezept halten.

Politisch werden, heißt aber auch, sich offener zu streiten. In den vergangenen Jahren wurden die Fronten von links und rechts aufgeweicht. Eine großkoalitionäre Stimmung trat an ihre Stelle. Wichtige Entscheidungen – ob zu Sozialstaat, Euro-Rettung, europäischer Integration, Atomausstieg oder Flüchtlingskrise – wurden nicht erstritten, sondern unauffällig vollzogen oder im akuten Krisenmanagement hektisch erzwungen. Das erweckt einen Eindruck fehlender politischer Legitimation. Deshalb gilt es, sich mehr und besser zu streiten, Interessengegensätze auszuhalten, Wahlmöglichkeiten aufzuzeigen und in der Öffentlichkeit echte Debatten zu führen. Das sollte man gerade bei den Themen Flucht,

Migration und Integration tun, und zwar ohne Angst. Wie können wir in humanitären Katastrophen helfen, zugleich aber unsere Grenzen behaupten? Wem wollen wir Aufenthalt gewähren und wem nicht? Wie kann Integration gelingen und zu welchem Preis? Wo gibt es Fremdheit, die wir nicht akzeptieren, und wo müssen wir selbst uns verändern? Und was hat die Flucht so vieler Menschen mit uns selbst zu tun? Darüber lohnt es sich, zu streiten – mit Leidenschaft, manchmal mit einer Portion Wut, aber ohne Hass.

Die Qualität einer offenen Gesellschaft zeigt sich darin, solche Debatten offen zu führen. Offenheit ist eben nicht, wie Volksverführer meinen, ein Zeichen von Schwäche. Nur wer starke Prinzipien hat, kann anderen offen begegnen. Er muss es sogar, denn die offene Gesellschaft lebt vom Wandel, von der Neugier, von der Freude am Unbekannten. Darin ist sie aber nicht bloß progressiv, sondern auch konservativ. Denn, wie jeder gebildete Konservative weiß, leben Traditionen nur, wenn sie sich verändern. Wandlungsfähigkeit ist das Kennzeichen starker Traditionen. Sie können ja nur weiterwirken, wenn sie von den nächsten Generationen angeeignet und für eine neue Gegenwart genutzt werden. Das schönste Beispiel dafür ist die offene Gesellschaft selbst: In sie sind die besten Traditionen der Antike, des Christentums und der Aufklärung eingegangen. Deshalb ist die populistische Doppelstrategie »Abschottung nach außen – Spaltung im Innern« nicht nur fortschritts-, sondern auch traditionsfeindlich.

Für die offene Gesellschaft sollten wir uns nicht schämen, auch wenn gerade andere Konjunkturen herrschen. Für sie sollten wir kämpfen. Ihren Feinden müssen wir entgegentreten, deren Wählern ein besseres Angebot machen. Manche werden wir nicht erreichen, andere aber schon. Das Christentum kann dafür eine zweifache Inspiration geben. Zum einen weiß es um die Macht der Bosheit: Der Mensch ist gierig und verführbar, von Natur aus keineswegs gut. Zum anderen lehrt das Christentum, die Hoffnung nicht aufzugeben. »Liebe deine Feinde« – das ist ein hoher Anspruch. Aber man kann sich ihm in kleinen Schritten nähern, zum Beispiel indem man versucht, aus einem Feind nicht gleich einen Freund, aber immerhin einen Gegner zu machen, mit dem man demokratisch streiten kann. Vielleicht wird aus ihm irgendwann ein Verbündeter. Auch darin steckt ein christlicher Kern der offenen Gesellschaft, nämlich der Glaube an Veränderung, Umkehr und Versöhnung.

15. Januar 2017

Erschrecken – verstummen – nichts verstehen – weglaufen

Nachdenken über allererste und ziemlich dunkle Ostergefühle

»Frohe Ostern!« So wird man es am heutigen Tag häufig hören und sagen. »Frohe Ostern!« Denn Ostern soll ein frohes, fröhliches Fest sein: Die Natur blüht auf, in den Kirchen erschallt das Osterlachen, Kinder laufen kreischend durch das frische Grün und freuen sich über ihre Funde. Doch seltsam, wer sich einmal die Mühe macht und die ersten biblischen Ostertexte in Ruhe anschaut, wird dort von Freude kaum eine Spur finden. Stattdessen begegnen ihm Angst und Unverständnis, Erschrecken und Grauen. Warum ist das so? Und was könnte uns das heute zu denken geben? Gehen wir also noch einmal zurück an den Anfang und dann die einzelnen Textzeugnisse durch, ihrem Alter nach.

Am Anfang war ein tiefes Verstummen. Die Kreuzigung Jesu von Nazareth hatte seine Anhänger in Verzweiflung und Einsamkeit gestürzt. Ihr Hoffnungsträger war hingerichtet worden, seine Mission gescheitert. Sie blieben zurück – traurig, enttäuscht, bitter, verlassen. Nichts hielt sie mehr zusammen. Doch dann geschah etwas, das sie verwandelte und wieder zusammenbrachte. Was dies war, hat als Erster Paulus in einem Brief in Worte gefasst, gut zwanzig Jahre nach dem Ereignis:

Liebe Schwestern und Brüder, ich erinnere euch an die gute Botschaft, die ich euch gebracht habe. Ich habe an euch weitergegeben, was ich selbst empfangen habe, nämlich dass Christus für unsre Sünden gestorben ist, wie die Schrift vorhergesagt hat, dass er begraben wur-

de und dass er am dritten Tag auferweckt wurde, wie die Schrift vorhergesagt hat. Zuerst wurde er von Simon Petrus gesehen. Danach von den Zwölf. Danach wurde er von mehr als fünfhundert Brüdern auf einmal gesehen. Von ihnen leben die meisten heute noch, einige aber sind schon gestorben. Danach wurde er von Jakob gesehen. Danach von allen Aposteln. Zuletzt habe auch ich ihn geschaut.

Das ist eine bemerkenswert nüchterne Auflistung. Sauber führt sie auf, wer in welcher Reihenfolge den Auferstandenen geschaut hat. Mehr bietet Paulus nicht. Denn es geht ihm an dieser Stelle nicht um eine Wundergeschichte, sondern um seinen Auftrag und seine Autorität: Da auch ihm, der zu Lebzeiten nicht zu den Weggefährten gehört hatte, Jesus erschienen ist, gehört er nun in die Reihe derer, die die Christus-Anhänger führen sollen:

Ich bin Paulus, ein Verkündiger, aber dazu nicht von Menschen beauftragt, sondern von Jesus Christus, von Gott selbst, der ihn von den Toten auferweckt hat. Meine Botschaft habe ich nicht von Menschen empfangen, sondern unmittelbar durch eine Offenbarung Jesu Christi selbst.

Zwei Jahre nach der Kreuzigung Jesu hatte sein Leben eine plötzliche Wende genommen. Über sie hat er viel später in Briefen Auskunft gegeben, allerdings viel zu kurz. Vieles bleibt dunkel: etwa wie Paulus zum ersten Mal mit dem Christus-Glauben in Berührung gekommen war und was er dabei von ihm erfahren hatte. Offenkundig ist nur, dass er sich zunächst mit brutaler Feindseligkeit gegen den neuen Glauben gewandt hatte:

Ich bin einer aus dem Volk Israel, ein richtiger Hebräer, am achten Tag beschnitten, ein Gesetzestreuer gewesen – und mit Eifer ein Verfolger der Gemeinde. Von allen Anführern der Gemeinde bin ich der allerniedrigste, eigentlich gar nicht wert, ein solcher genannt zu werden, denn ich habe die Gemeinschaft Gottes verfolgt.

Doch dann geschah etwas mit ihm, nämlich dies: »Christus ist mir erschienen. Als Letzter von allen, als Allerletzter aus der Reihe der Apostel, habe ich ihn geschaut.«

Diese Erscheinung, zwei Jahre nach dem Tod Jesu, wie auch immer sie sich zugetragen haben mochte, markierte für Paulus einen radikalen Neuanfang: »Ihr wisst ja von meinem früheren Leben, wie ich die Gemeinschaft Gottes verfolgt und versucht habe, sie zu vernichten. Dann aber plötzlich zeigte mir Gott seinen Sohn, damit ich ihn verkündige. Diese überschwängliche Erkenntnis Jesu Christi, meines Herrn – durch sie ist für mich alles Frühere, alles, was ich besessen, gewusst, geglaubt und getan habe, zu einem Nichts geworden, einem Dreck. Nur noch das will ich – ihn kennen und die Kraft seiner Auferstehung, die Gemeinschaft mit seinem Leiden, seinem Tod nachgebildet werden, damit ich zur Auferstehung von den Toten vorstoße.«

Paulus schildert, wie er blitzartig erkannte, dass der gekreuzigte Jesus lebt. Das aber hieß: Jesus Christus war kein Verworfener, sondern der Auserwählte und Langersehnte. Sein alter Glaube erschien Paulus nun als falsch und widerlegt, das Gesetz, dem er bisher gehorchte, hatte seinen Sinn für ihn verloren, seinen früheren Hass auf die Christus-Anhänger deutete er nun als eine Sünde gegen Gott. Paulus musste von nun an ganz anders glauben, nicht mehr das Gesetz verteidigen, sondern Christus verkündigen. Alles dies ging ihm in einem Augenblick auf. Das war das Wunder seines Lebens.

Aber kann man es ein frohes, fröhliches Ereignis nennen? Oder war es nicht eher ein hell-jäher Riss, der mitten durch sein altes, gutes, frommes Leben ging, ein schrecklicher Bruch in seiner Biografie? Paulus wurde durch dieses Christus-Schauen doch hinausgeworfen aus allem, was vorher seine Heimat gewesen war. Seither musste er in der Fremde leben, als Glaubensflüchtling, als ewiger Missionsmigrant. Hätte er dazu »frohe Ostern« gesagt? Was er geschaut hatte, hatte ihn geblendet, ihm wahrscheinlich für Tage das Augenlicht geraubt. Langsam erst hatte er wieder gelernt zu sehen. Schritt für Schritt wird ihm erst aufgegangen sein, was dieses grelle Licht für ihn bedeuten sollte. Es muss seine Zeit gebraucht haben, bis er sich über das freuen konnte, was er gesehen hatte.

Aber was heißt hier »sehen«? Paulus und die anderen Augenzeugen werden es so gemeint haben: Wir haben ihn leibhaftig vor uns gesehen. Will man dies nachempfinden, wird man an eine höchst intensive Vision denken können, ein Schauen im Geist als eine sinnliche, körperliche Erfahrung: Jesus ist nicht tot, ich sehe ihn vor mir – nicht als Geist oder Gespenst, sondern als wirkliche Gestalt, als er selbst. Ich schaue ihn, empfinde seine Gegenwart – das öffnet mir die Tür zu einem neuen Leben. Er lebt in mir und ich in ihm. Das ist nicht mehr ein einmaliges Erlebnis, eine singuläre Verstörung, sondern Grundton des ganzen Lebens:

Ich lebe, aber nicht ich, Christus lebt in mir. Was ich jetzt lebe im Fleisch, das lebe ich im Glauben an den Sohn Gottes, der mich geliebt und sich für mich dahingegeben hat. Ich bin in Christus.

Mit dieser Formel »Ich bin in Christus« hat Paulus versucht, den Kern seines Glaubens zu beschreiben: das Bewusstsein einer höchst intensiven und intimen Verbindung mit dem Auferstandenen. Auch wenn dieser Begriff sehr unscharf ist, kann man darin eine eigene, paulinische »Mystik« entdecken. Dieses geheimnisvolle »In Christus Sein« muss er als seine neue, innere Heimat erlebt haben. Doch es wird gedauert haben, bis ihm dies in seiner ganzen Bedeutung aufgegangen ist – und er selbst sich wirklich darüber freuen konnte.

Wie weit der Weg von der Trauer um den Toten über das Erschrecken angesichts seiner Gegenwart bis hin zu echter Freude war, lässt sich auch an den Ostergeschichten der Evangelien ablesen. Sie wurden deutlich nach den Briefen des Paulus verfasst. Den ersten Versuch, davon zu erzählen, dass Jesus nicht tot ist, sondern lebt, hat Markus unternommen:

Am Abend des Sabbats kauften Maria Magdalena, Maria, die Mutter des Jakob, und Salome wohlriechende Salben, um den Leichnam Jesu zu balsamieren. In der Frühe des ersten Tages der Woche kamen sie zum Grab, gerade als die Sonne aufging, und fragten einander: »Wer wird uns den Stein vom Eingang des Grabes wälzen?«

Da schauten sie hin und stellten fest, dass der riesengroße Stein schon weggewälzt war. Sie gingen in das Grab hinein und sahen dort einen jungen Mann an der rechten Seite sitzen. Der hatte ein langes weißes Gewand an. Sie erschraken sehr.

Aber er sprach zu ihnen: »Fürchtet euch nicht! Ihr sucht Jesus von Nazareth, den Gekreuzigten? Er ist auferstanden. Er ist nicht hier. Seht dort, da hatten sie ihn hingelegt. Jetzt geht zurück, sagt den Zwölfen und Simon Petrus, dass er euch nach Galiläa vorausgeht. Da werdet ihr ihn sehen, wie er es euch gesagt hat.«

Die Frauen stürzten hinaus und flohen. Angst und Schrecken hatte sie ergriffen. Niemandem sagten sie etwas, denn sie fürchteten sich.

So endete in seiner ursprünglichen Fassung das Evangelium von Markus: mit Furcht und Zittern, Angst und Entsetzen, sprachlosem Unverständnis und stummer Flucht. Wie kann man das verstehen? Auch wenn einem dies inzwischen fremd geworden sein mag: Der Glaube besteht aus zwei Elementen. Das erste ist die Erschütterung. Das Göttliche erscheint, dem Menschen begegnet etwas Ungeheuerliches – und er erstarrt, staunt, fürchtet sich, schämt sich, ihm graut. Denn das Heilige, das sich ihm hier zeigt, ist ihm zu viel, er kann es nicht fassen. Es kehrt sein bisheriges, alltägliches Leben mit einem Schlag um und wirft ihn aus den Bahnen des Gewohnten und Vertrauten. Das Heilige ist eben nicht nur der Urgrund, sondern auch der Abgrund allen Seins, vor dem man zu vergehen meint. Wer jedoch durch diese Erschütterung hindurchgegangen ist, der kann auch das zweite Gefühlselement des Glaubens erleben. Ihm wird sich das Heilige als die wundersame, heilsame, entzückende und beseligende Gegenwart des Göttlichen erweisen. Nur geschieht dies nicht in einem Moment. Oft ist es ein langer Weg vom Erschrecken bis zur Beseligung.

Wie langsam es auf diesem Weg vorangeht, kann man bei den Ostergeschichten des Lukas und des Matthäus sehen. Sie erzählen die Vorlage von Markus weiter, indem sie sich mühsam vorarbeiten, vorsichtig vortasten vom Grauen hin zur Freude. So liest man es bei Lukas:

Die Frauen betraten das Grab und entdeckten, dass es leer war. Da erschienen ihnen zwei Männer in leuchtenden Gewändern. Die Frauen erschraken und verneigten sich bis zur Erde.

Die Männer sprachen zu ihnen: »Was sucht ihr den Lebenden bei den Toten? Er ist nicht hier. Er lebt. Erinnert euch doch daran, was er euch gesagt hat, als er noch in Galiläa war: ›Der Menschensohn muss in die

Hände der bösen Menschen ausgeliefert und gekreuzigt werden und am dritten Tag auferstehen.‹«

Da erinnerten sie sich an seine Worte, verließen das Grab und berichteten alles den Elf und allen übrigen. Doch die glaubten den Frauen nicht und hielten ihre Worte für Geschwätz. Nur Simon Petrus stand auf, lief selbst zum Grab, bückte sich hinein, sah dort nur noch die Leinentücher, ging wieder zurück und wunderte sich über das, was geschehen war.

Der Schrecken ist hier schon gemildert. Die Furcht beginnt sich zu lösen und einem ersten, zaghaften Verstehen zu weichen, in dem Erinnerungen wach werden. Deshalb erstarren und verstummen die Frauen hier nicht, sondern haben etwas zu erzählen. Doch noch können die Männer ihnen nicht folgen.

Einen weiteren Schritt geht Matthäus in seiner Erzählung:

Als die Frauen zum Grab kamen, bebte die Erde. Ein Engel kam vom Himmel und wälzte den riesigen Stein vom Eingang des Grabes.

»Fürchtet euch nicht! Ich weiß, dass ihr Jesus, den Gekreuzigten, sucht. Er ist nicht hier. Er ist auferstanden, wie er gesagt hat. Kommt, seht nach, wo er hingelegt worden ist. Dann aber eilt und sagt allen, die mit ihm gingen: ›Er ist von den Toten auferstanden. Er geht euch voraus nach Galiläa. Dort werdet ihr ihn sehen.‹«

Die Frauen liefen los in Furcht, aber auch mit großer Freude. Da erschien ihnen Jesus selbst und sprach: »Seid gegrüßt, Freude sei mit euch!« Sie liefen zu ihm, fielen vor ihm nieder und umfassten seine Füße. »Fürchtet euch nicht! Geht und sagt meinen Brüdern, dass sie nach Galiläa gehen sollen. Dort werden sie mich sehen.«

Endlich ist es nicht nur Furcht, die die Frauen packt, sondern ein erstes Glücksgefühl:

Die Elf taten, was die Frauen ihnen weitergesagt hatten. Sie gingen nach Galiläa. Dort auf einem Berg schauten sie ihn und fielen vor ihm nieder. Einige allerdings zweifelten. Jesus trat näher heran und sprach: »Mir ist Vollmacht gegeben im Himmel und auf Erden. Darum geht, zieht in die Welt und bringt meine Botschaft zu allen Völkern. Tauft sie auf den Namen des Vaters, des Sohnes und des Heiligen Geistes. Lehrt sie meine Weisungen – und danach zu leben. Seht, ich bin bei euch alle Tage bis an das Ende der Welt.«

Gehen und laufen, sehen und hören, erschrecken und sich freuen, zweifeln und vertrauen, sich erinnern und verstehen, eine Aufgabe erhalten und losziehen ins Offene – darum geht es in diesen Geschichten über das Jesus-Schauen. Die langsamste, leiseste und zarteste von ihnen hat Lukas erzählt. Hier zeigt sich vielleicht am schönsten, wie viel Zeit es braucht, bis der Weg durch den Tod hindurch ins Leben, von der Verzweiflung hin in das Vertrauen zu Ende gegangen ist. Es ist kein Zufall, dass sie eigentlich eine Ostermontag-Geschichte ist:

Am ersten Tag der Woche wanderten zwei von den Jesus-Anhängern zu einem Dorf, das von Jerusalem etwa eine Stunde entfernt war. Es hieß Emmaus. Während sie gingen, sprachen sie über das, was geschehen war. Während sie so wanderten und redeten, näherte sich ihnen Jesus und schloss sich ihnen an. Aber ihre Augen waren wie gefangen. Sie erkannten ihn nicht.

»Worüber sprecht ihr da?«, fragte er.

Die beiden blieben traurig stehen. Der eine, er hieß Kleopas, antwortete: »Bist du etwa der Einzige von den

Fremden in Jerusalem, der nicht weiß, was in diesen Tagen geschehen ist?«

»Was denn?«

»Das mit Jesus von Nazareth! Der war ein großer, vollmächtiger Prophet. Vor Gott und den Menschen hat er Unerhörtes gesagt und getan. Unsere Hohenpriester und Oberen haben ihn ausgeliefert, dass er zu Tode verurteilt und gekreuzigt werde. Wir hatten gehofft, dass er es sei, der Israel befreien werde. Heute ist nun schon der dritte Tag, seit dies geschehen ist. Und nun haben uns einige Frauen aus unserem Kreis erschreckt. Sie waren heute Morgen, ganz früh im Grab, haben aber seinen Leichnam nicht gefunden, liefen zu uns und sagten, sie hätten eine Erscheinung von Engeln gehabt, die hätten gesagt, dass er lebe. Einige von uns sind gleich zum Grab gelaufen und fanden alles so, wie die Frauen behauptet hatten. Ihn selbst aber haben sie nicht gesehen.«

»Ach, wie unverständig ihr doch seid und wie trägen Herzens! Warum begreift ihr nicht, was die Propheten vor langem gesagt haben! Musste Christus dies nicht durchleiden, um in seine Herrlichkeit einzugehen?« Nun begann er, den beiden darzulegen, was in der Schrift über ihn zu lesen war, bei Mose und allen Propheten.

Endlich näherten sie sich dem Dorf. Jesus tat so, als ob er weitergehen wollte. Aber sie drängten ihn, mit ihnen ins Dorf zu gehen: »Bleibe bei uns. Es ist Abend, und der Tag hat sich geneigt.« So ging er mit in ihr Haus und blieb bei ihnen.

Da geschah es: Er saß mit ihnen zu Tisch, nahm das Brot, sprach das Dankgebet, brach das Brot und gab es ihnen. Jetzt wurden ihre Augen geöffnet, und sie erkannten ihn. Doch er verschwand vor ihren Augen. Die beiden blieben zurück und sprachen zueinander: »Hat unser Herz nicht gebrannt, als er mit uns ging und uns die Schrift erschloss?«

Das Herz brannte schon, aber man konnte es noch nicht fassen, es nicht bemerken, weil es seine Zeit braucht, bis das, was man tief im eigenen Inneren fühlt, einem selbst zu Bewusstsein kommt und die Freude sich entfalten kann. Ist das nun ein Mangel, oder zeigt sich darin nicht ein wesentlicher Unterschied zwischen dem Glück des Glaubens und anderen Gestalten der Freude, vor allem den gängigen Angeboten des Kauf-Glücks? Auf das Glaubensglück muss man warten. Es stellt sich nicht sofort ein. Man muss einen weiten Weg hinter sich bringen und dabei große Widerstände überwinden. Da ist der Tod mit seiner großen Macht, die sich nicht einfach wegbesiegen lässt. Da ist der Zweifel mit all seinen Fragen, der sein Recht einfordert. Beiden, dem Tod und dem Zweifel, muss der Glaube sich stellen und durch sie hindurchgehen. Das nimmt ihm sicherlich einiges an triumphaler Strahlkraft, lässt ihn aber auch reifen und erwachsen werden. Was er an visionärer Macht verliert, gewinnt er dann an nachdenklicher Tiefe. Er ist stiller und verhaltener, dieser Ostermontagsglaube. Aber er hat auch seine Freude und Erfüllung, seine Verse und Lieder. Man kann einander auch leise und dann vielleicht inniger »Frohe Ostern!« wünschen.

Ostersonntag, 1. April 2018

Zerrissene Zeiten

Die November-Revolution 1918 –
ein ferner Spiegel für unsere verunsicherte Demokratie

Man liest und hört es in diesen Tagen sehr häufig: Viele fühlen sich angesichts der politischen Lage im heutigen Deutschland an die Weimarer Republik erinnert. Damals wie heute mobilisieren Radikale mit Wutparolen die Massen, schwindet das Vertrauen in den Staat und seine Institutionen, verliert die bürgerliche Mitte an Bindungskraft, gerät die Demokratie in existentielle Gefahr. Doch stimmt der Vergleich eigentlich? Ist die Bundesrepublik des Jahres 2018 wie die Weimarer Republik auf dem Weg in die Diktatur?

Ein neu aufgelegtes Buch hilft, dieser Frage auf den Grund zu gehen. Es heißt »Fehlgeburt einer Republik« und versammelt die politischen Essays, die Ernst Troeltsch zwischen 1918 und 1922 geschrieben hat. Es sind die wohl besten politischen Texte, die je aus der Feder eines evangelischen Theologen geflossen sind: Unter dem Pseudonym »Spektator« schrieb der 1865 geborene Troeltsch über die aktuellsten Entwicklungen der jungen Weimarer Republik: die November-Revolution, die neue Verfassung, Parteienherrschaft und gewaltsame Angriffe von links oder rechts, Wirtschaftskrisen und außenpolitische Kämpfe. Der liberale Theologe, Soziologe und Philosoph war einer der ganz wenigen Gelehrten, die sich für die junge Republik einsetzten. Gemeinsam mit seinen politischen Freunden Friedrich Naumann, Max Weber oder Walther Rathenau kämpfte er für den Aufbau einer sozialen Demokratie in Deutschland. Seine »Spektator-Briefe« sind Reportage, politisches Tagebuch, Analyse und liberale Programmschrift zugleich. Vor allem aber eröffnen sie dem heutigen Leser einen überraschend lebendigen Einblick in die damalige Zeit. Zum Beispiel, wenn Troeltsch die Stimmung im Berlin des Novembers 1918 schildert:

Als ich mittags nach Hause fuhr, kam vom Charlottenburger Schlossplatz her ein Soldat gelaufen und sprang auf die Trambahn mit der Meldung, dort rissen ›sie‹ den Offizieren Säbel und Achselstücke ab. Ein Leutnant kam und beruhigte die Leute mit der Meldung, der Kaiser habe abgedankt. Die Mittagszeitung meldete die Ernennung von Ebert zum Reichskanzler, eine ganz unverständliche Meldung. Abends kamen mehr Zeitungen, sie berichteten den Sieg der Revolution in Berlin, sowie die Marine-Meuterei in Kiel und Wilhelmshaven. Am nächsten Sonntagmorgen nach banger Nacht ward das Bild aus den Morgenzeitungen klar: der Kaiser in Holland, die Revolution in den meisten Zentren siegreich, die Bundesfürsten im Abdanken begriffen. Kein Mann tot für Kaiser und Reich! Die Beamtenschaft in den Dienst der neuen Regierung getreten! Der folgende Sonntag war dann ein wundervoller Herbsttag. Die Bürger gingen wie gewöhnlich im Grunewald spazieren. Keine eleganten Toiletten, manche wohl absichtlich einfach angezogen. Alles etwas gedämpft wie Leute, deren Schicksal irgendwo weit in der Ferne entschieden wird, aber doch beruhigt und behaglich, dass es so gut abgegangen war. Trambahnen und Untergrundbahn gingen wie sonst, das Unterpfand dafür, dass für den unmittelbaren Lebensbedarf alles in Ordnung war. Auf allen Gesichtern stand geschrieben: Die Gehälter werden weiterbezahlt.

Es ist gut, vorsichtig mit den Vergleichen zwischen damals und heute zu sein. Damals war eine ganze Welt zusammengebrochen, es gab massenhaftes Elend, auch wenn sich bei manchen eine seltsame Normalität halten konnte. Heute ist es eher so, dass sich epochale Umwälzungen ankündigen, deren katastrophale Folgen noch gar nicht abzusehen sind. Etwas unfassbar Neues bricht sich Bahn, aber das Alte ist noch da. Deshalb herrscht eine so gereizte Unsicherheit, auch wenn auf den meisten Gesichtern immer noch geschrieben steht: Die Gehälter werden weiterbezahlt. Viel rasanter und gewaltsamer ging es im nachrevolutionären Berlin zu:

Die Niederzwingung der Spartakisten kam spät. Sie war grausig und schauderhaft und hat in der Lynchung der Rosa Luxemburg ein entsetzliches Nachspiel gehabt. Im Übrigen geht während aller Greuel das Großstadtleben seinen Weg weiter. Musiker bieten sich an allen Plakatsäulen in Massen an, die Theater spielen weiter und versammeln ihr an Gewehrschüssen vorbeieilendes Publikum in gewohnter Masse, vor allem wird, wo irgend möglich, getanzt – ohne Rücksicht auf die Kohlen- und Lichtnot. Immer neue Streiks erschüttern die elementaren Lebensbedingungen.

In derselben Stadt findet beides zeitgleich statt: Chaos und Konsum, Gewalt und Vergnügung. Das ergibt eine seltsame Schizophrenie, der man auch heute begegnen kann, allerdings jetzt in globalem Maßstab. Man erfährt von Menschheitsverbrechen, Kriegsgreueln und Massenelend, aber die nächste Urlaubsreise ist gebucht, die Warenwelt blüht, das Unterhaltungsgewerbe läuft auf Hochtouren. Und so richtig leidet niemand an diesem Widerspruch. Doch was Troeltsch damals viel mehr Grund zur Sorge gab, war die Radikalisierung weiter Bevölkerungsschichten:

Auf der einen Seite stehen die Bolschewisten und unabhängigen Sozialisten. Hier darf man die starke Beteili-

gung von Intellektuellen nicht übersehen, so widersinnig und selbstmörderisch sie auch erscheinen mag. Zu ihr neigen ein erheblicher Teil der Studenten, die ganze künstlerische und literarische Boheme, hier ein guter Teil von Berlin West, nachdem er die ersten Plünderungsängste überstanden hat. In Studentenversammlungen sind Zwischenrufe radikal bolschewistischer oder radikal pazifistisch-internationalistischer Art die Regel. Zwei elegante Herren trinken im Restaurant eine Flasche Wein für 50 Mark und erklären sich in ihrer Unterhaltung für den Bolschewismus als die einzige Macht der Idee. Ein Diplomat erzählt mir von Gesprächen mit Freundinnen vom Theater, die ihn auslachten wegen seines Anschlusses an die demokratische Partei; sozialistisch-unabhängig sei doch allein chic und geistreich. Bedeutsamer war eine große Versammlung in einem hiesigen Salon, wo eine Reihe bekannter Literaten, Gelehrter, Schauspieler, Politiker über den Bolschewismus disputierten. Alles einigte sich in dem Protest gegen den bürgerlichen Charakter von Demokratie und Sozialdemokratie. Man höhnte und lästerte über die Nationalversammlung als ideenlose Spießerversammlung. Die Vernichtung der bürgerlichen Moral – das ist die Losung. Dass sie widersinnig und widerspruchsvoll ist, kümmert niemand. Sie ist Idee und Zeichen eines unabhängigen und interessanten Geistes. Die Greueltaten der Bolschewisten lehnt man natürlich ab, man erklärt sie für einen zufälligen Schönheitsfehler. Dass die Diktatur des Proletariats sich nur durch Terrorismus behaupten kann, das lässt man sich zwar von Kundigen sagen, findet es aber dann immer noch besser als die Herrschaft der Spießbürger. Nüchterne Sozialdemokraten, die zur Haupttugend, der Arbeitsamkeit und Besonnenheit, mahnen, lehnt man ab.

Dem verantwortungslosen Intellektuellenradikalismus von links, den es in anderen Einfärbungen übrigens heute noch gibt, stand eine beispiellose Verhetzung von rechts gegenüber:

Nicht hoffnungsvoller sieht es leider zur Rechten aus. Hier benützt man die Revolution, die starke Beteiligung des Judentums an ihr und die sozialdemokratische Kirchenpolitik zum Kampfe für das, was man rechts unter »nationaler« Gesinnung versteht. Man schafft eine Legende, wonach Ludendorff das Reich noch habe retten können, aber die Revolution seine Absichten durchkreuzt und die internationale Sozialdemokratie dem Reiche den Genickfang mit Freuden gegeben habe. Dass das alles Widersinn, Unwahrheit oder gar offenkundige Lüge ist, kümmert die Leute nicht. Es muss moralisch gegen die Mehrheit gehetzt werden. Man denke an den Wahlaufruf von zahlreichen deutschnationalen Professoren, der die Demokraten bezeichnet als internationale Vaterlandslose, die das deutsche Volk auf dem Altar des Mammonismus opfern wollen. Und das haben zahlreiche brave, tüchtige und gute Menschen unterschrieben, von Größen der Forschung gar nicht zu reden, da in Deutschland die wissenschaftliche Bedeutung mit politischer Intelligenz offenkundig wenig zu tun hat!

Den Begriff *fake news* gab es 1919 noch nicht, das Phänomen aber war damals schon wirkungsvoll: Einer verstörten Schicht von Deklassierten wird eine Rettungslüge angeboten, und sie greift begierig zu. Besonders das protestantische Bürgertum, Troeltschs eigentliche Zielgruppe, war für diese fatale Verführung empfänglich. Wie ein Schock hatte die Niederlage viele getroffen. Aus den Träumen eines Sieg-Friedens wurden sie in das Elend der Nachkriegszeit gestoßen, wirtschaftlich ruiniert und der alten Stellung beraubt. Der Vertrag von Versailles bestärkte sie in der Ablehnung der neuen politischen Ordnung. Wer ist verantwortlich für unsere gegenwärtige Not? Da wurden Schuldige eifrig gesucht und Feinde schnell gefunden. Die »Dolchstoßlegende« machte aus Bürgern Extremisten, die sich offen über Verleumdungen und Hasstiraden, antisemitische Gewalt und politische Morde freute:

Eine der üblichen Zeitungsüberschriften ist heute ›Die Welle von rechts‹. Wo sind die eigentlichen Herde der Reaktion? Teilweise gehören dazu die alten Beamten, die sich zunächst zur Verfügung gestellt hatten und ohne die auch gar nicht zu regieren gewesen wäre, die aber nunmehr sich vielfach zu einer Art Obstruktion oder gar Sabotage der Regierung gewandt haben. Großgrundbesitzer und Pastorentum machen zum größten Teil mit allen Mitteln konservative Politik, denunzieren jeden Sozialismus als Bolschewismus und glauben damit eine bewaffnete Abwehr verbinden zu dürfen; in manchen kleinen Städten herrscht sozial ein vollkommener konservativer Terror und Boykott. Hinzu kommen die Elemente der städtischen und akademischen Bildung. Sprach man vor einem Jahre vor Studenten, so musste man sich auf wilde pazifistische, revolutionäre, ja idealistisch-bolschewistische Widersprüche gefasst machen; heute muss man auf antisemitische, nationalistische, antirevolutionäre Einsprüche sich einrichten. Man bedenke übrigens, dass die schärfsten Vertreter der akademischen Reaktion gerade die Mediziner sind, die fürchten, in die Stellung öffentlich angestellter Hebammen herabzusinken.

Heute stehen Pastoren und Kirchenleitungen zum Glück fest auf Seiten der freien und offenen Gesellschaft. Doch dass gerade sie nach dem Ersten Weltkrieg zu Propagandisten der Reaktion werden konnten, zeigt, wie schnell es geht, dass eine Gruppe sich radikalisiert, die doch eigentlich für den gesellschaftlichen Zusammenhang zuständig wäre. Deshalb ist es so wichtig, wachsam zu sein und aktiv zu werden, wenn man bemerkt, dass antidemokratische Gesinnungen und Menschenverachtung ins bürgerliche Milieu einsickern. Denn es bleibt nicht bei Stimmungen und abfälligem Gerede, sondern daraus kann sehr bald eine grundsätzliche Ablehnung der politischen Ordnung folgen: »Überall Träumer, wohin man blickt, sofern nicht die Träumer blutige Realisten sind.«

Was wollte Troeltsch dieser geballten und von Lügen angetriebenen Wut gegen das »System« entgegensetzen? Zunächst forderte er seine Leser auf, sich bedingungslos auf die gegenwärtigen politischen Gegebenheiten einzustellen. Alle Versuche, die nostalgisch verklärte Monarchie zu restaurieren, seien zum Scheitern verurteilt. Nüchterne Ausrichtung auf die Anforderungen des Tages – so lautete die Maxime, die Troeltsch in jedem Essay von neuem ausgab. Mit dem Pathos der Sachlichkeit wandte er sich ideologiekritisch gegen rechte wie linke Utopisten, die meinten, den politischen Alltag in moralisch-ideologischem Überschwang überfliegen zu können. Troeltsch nahm seine ganze Überzeugungskraft aus dem Hinweis auf die anstehenden praktischen Notwendigkeiten und nicht aus Idealvorstellungen einer »besten« Politik. Im Gegensatz zu allen restaurativen und revolutionären Utopisten verblieb er in seinem Plädoyer für die Demokratie bei einem zurückhaltenden Pragmatismus. Doch dieser ist nicht mit kalter Politik-Technokratie und ideenloser Machterhaltungsphysik zu verwechseln. In seinem Pragmatismus lebte ein eigentümliches protestantisches Berufsethos:

Bürgerliche, ernst tüchtige Moral, wahrhaftes Nationalgefühl, eine ethische Gesamterneuerung, mehr Glaube, Gottesfurcht und Menschenliebe und mehr politischer Verstand: das wären die Dinge, die man unserm Volke heute wünschen müsste. Aber gerade das Einfachste, Natürlichste und Praktischste liegt heute fern – wenn es nicht etwa in den Kreisen steckt, die beim Gegeneinander-Gekreisch der Forderungen und Aufrufe nicht zu Gehör kommen. Sie sind im Grunde immer zu leise gewesen, und sie haben auch immer allzu wenig gehandelt. Es ist eine Erneuerung aus tiefstem Innern heraus nötig, welche die echtesten und edelsten Quellen unsres Nationalgeistes dort wieder anschlägt, wo er mit Humanität und Menschenliebe noch beisammen ist. Nur aus historischem Instinkte heraus und zugleich mit großen, kühnen Entschlüssen können die schweren Reformaufgaben praktisch gelöst werden, weder mit einem kranken Ästhetengeschmack an Sensationen, noch durch das Klügeln mit buchgelehrten Theorien, noch mit dem Beschwören von politisch Totem, das aus Mangel an Lebenskraft gestorben ist.

Die Entscheidung für die Demokratie war für Troeltsch keine weltanschauliche Überzeugungstat, sondern die Konsequenz aus seiner Einsicht in die grundlegenden Bedürfnisse Deutschlands, in die Folgen der Modernisierung. Die Industrialisierung hatte das alte politische und soziale Gleichgewicht zerstört, neue Klassen und damit neue Konflikte geschaffen, die im Rahmen der patriarchalischen Monarchie nicht mehr aufgefangen werden konnten. Die parlamentarische Demokratie nun stellte diejenige politische Ordnung dar, in der Bürgertum und Proletariat ihre Interessenkämpfe friedlich auszutragen vermochten. Troeltsch bezeichnete sie deshalb als einen mittleren Rettungsweg zwischen Reaktion und

Revolution. Die Idee einer sozialen und zugleich traditionsorientierten Demokratie war seine politische Leitvorstellung. Um sie zu verwirklichen, bedurfte es aber einer breiten Mitte. Darum wurde der unermüdliche Aufruf zur Sammlung aller republikanischen Kräfte zum ceterum censeo von Troeltschs »Spektator-Briefen«.

Eine solche demokratische Mitte hatte sich lange nach Troeltschs Tod in der Bundesrepublik bilden können und nach dem Untergang der DDR eine neue Weite und Tiefe erhalten. Doch jetzt, da ganz neue technologische Revolutionen ihre Wucht entfalten, die Globalisierung auch hierzulande ihre Schattenseiten zeigt und noch unvorstellbare Umweltkatastrophen sich ankündigen, merkt man, wie dünn und schwach die demokratische Mitte in Deutschland geworden ist. Einen Tiefpunkt durchlitt Troeltsch 1922 nach dem Attentat auf den Außenminister Walther Rathenau:

Die Ermordung Rathenaus, mit dem ich gut befreundet war, der drohende Zerfall des Reiches, die Orgien der Gemeinheit und des Unverstandes, die weitere Erschwerung der eigenen finanziellen Situation, die Angst vor dem Winter: alles das bringt zusammen mit der Überarbeitung und den nunmehr hoffentlich überstandenen Sorgen um meine Frau mich in eine trübe und deprimierte Seelenverfassung. Allein das sind Depressionszustände, die vorübergehen bei körperlicher Kräftigung. Eine tiefe Trauer wird zwar wohl nie mehr von mir weichen, solange ich lebe, und ich sehe nun seinen hoffnungslosen Zerfall; und mit einem großen Teil der Menschen meines Standes und Berufes bin ich zerfallen, weil ich an eine Restauration nicht glaube und sie auch nicht wünsche. Es müssten ganz neue Wege gegangen werden, und die will niemand sehen. Ich habe in den letzten Wochen furchtbar gelitten und werde mich nie ganz davon erholen. Gott sei Dank hat der Mensch noch ein zweites Vaterland, aus dem einen niemand hinauswerfen kann.

Hundert Jahre sind Troeltschs Essays alt. Doch wer sie heute liest, erschrickt, wie bedrängend nah sie einem kommen. Troeltschs Plädoyer für Sachlichkeit, Nüchternheit, protestantischen Verantwortungssinn, Versöhnungsbereitschaft, demokratische Kompromisse und eine politische Mitte ist mehr als ein historisches Dokument, sondern eine aktuelle Verpflichtung. Heute gefährden eine zunehmende Polarisierung sowie eine abnehmende Bindung an politische und gesellschaftliche Institutionen den Rechtsstaat und die freie Gesellschaft. Auch fehlen Antworten auf die Fragen, die durch Globalisierung und Migration gestellt werden – von einem gemeinsamen Handeln gegen die menschengemachte Erderhitzung ganz zu schweigen. Leider geraten in den medialen Empörungswellen und tagespolitischen Streitereien die Prinzipien der modernen Demokratie und ihrer Verfassung allzu leicht in Vergessenheit. Ohne vorschnell Parallelen zwischen Weimar und der Bundesrepublik von heute zu ziehen, lässt sich von Troeltsch immer noch einiges lernen: Was er damals über politische Sachlichkeit, moralische Nüchternheit und Fairness in der Debatte, über Rechtsstaatlichkeit und Demokratie geschrieben hat, gilt noch immer.

4. November 2018

Literaturhinweis:

Ernst Troeltsch: Die Fehlgeburt einer Republik. Spektator in Berlin 1918-1922, hg. von Johann Hinrich Claussen, in: Die Andere Bibliothek 109. Bd., Hans Magnus Enzensberger (Hg.), Eichborn, Frankfurt 1994 (Neuausgabe 2018).

Nüchternheit

Versuch über eine unscheinbare, aber notwendige Tugend

Das Jahr ist noch jung. Die ersten guten Vorsätze sind schon gebrochen. Aber die Frage ist immer noch dringlich, mit welcher Haltung man den Umwälzungen entgegengehen sollte, die die Zukunft bestimmt bringen wird. Vieles, an das wir uns gewöhnt haben, wird sich von Grund auf ändern und nicht mehr zu halten sein und viel steht auf dem Spiel – wie kann ich mich darauf einstellen? Die Stichworte sind ja schnell aufgezählt – Klima, Migration, Rezession, Europa, Digitalisierung, Extremismus –, aber es ist so schwer, eine Ahnung davon zu bekommen, wie ich mich selbst in diesem Wirbelwind der Krisenparolen verhalten und orientieren soll.

Nicht die schlechteste Methode, um zu einer Antwort zu kommen, besteht für mich darin, erst einmal auf Abstand zur Gegenwart und ihrer aufgeputschten Zukunftsphantasien zu gehen. Um mich vom Zugriff des betäubenden Aktualitätsgeschreis zu lösen, ziehe ich mich regelmäßig zurück, setze mich hin und greife zum alten Bibelbuch. Ich lese, manchmal blättere ich auch nur, vor und zurück, in der Hoffnung, dass mir etwas Neues und Erhellendes begegnet. Dabei mache ich nicht immer, aber doch ziemlich oft die schöne Erfahrung: Wer blättert, der findet.

So erging es mir vor kurzem wieder. Eigentlich hatte ich etwas ganz anderes gesucht, da fiel mir bei meiner Bibelblätterei etwas auf. Ein kleines, unscheinbares Wort überraschte mich. Eigentlich muss ich es schon sehr oft gelesen haben, hatte es aber bisher nie groß wahrgenommen. Es ist ja auch kein lautes Wort, das Aufmerksamkeit erzwingt. Jetzt aber sprach es mich an, leise und doch intensiv. Es begann, mich zu interessieren. Also suchte ich nach weiteren Stellen in der Bibel, an denen es vorkam, und stellte überrascht fest, wie zahlreich sie waren. Nun prüfte ich mein Gedächtnis, ob ich dazu nicht schon einmal etwas gehört oder gelesen hatte – während meines Theologiestudiums oder später bei meinen Fachlektüren. Aber mir fiel nichts ein. Wahrscheinlich war dieses Wort nie ein Thema gewesen. Also ging ich in die Bibliothek und unternahm einige Exkursionen durch die weite Welt der Bibelwissenschaften, nahm alte und neuere Lexika aus den verstaubten Regalen, ging von einem gelehrten Sammelband zum nächsten, versuchte, in den Unendlichkeiten der Forschungsliteratur irgendeinen Hinweis zu finden – vergebens. Mein Fund-Wort schien bisher für niemanden bedeutsam gewesen zu sein. Schließlich fragte ich in meiner ratlosen Neugier einen von mir sehr geschätzten Fachmann. Aber auch er konnte mir nicht recht helfen. Immerhin gab er mir zu verstehen, dass meine Spur nicht ganz uninteressant sei.

Das Wort, um das es mir geht, bezeichnet eine kleine, eher spröde Tugend. In den Katalogen des Guten nimmt sie die Rolle des Mauerblümchens ein. Wer nur nach prächtigen Blüten Ausschau hält, um aus ihnen ein beeindruckendes Blumenbouquet zusammenzustellen, wird an ihr achtlos vorübergehen. Doch mir scheint, dass gerade in aufgeregten und lauten Zeiten das Unscheinbare einen zweiten Blick verdient. Es könnte doch sein, dass das schnell Überhörte und gern Übersehene uns mehr zu sagen hat als all das, was die gut geölten Aufmerksamkeitsmaschinerien gerade auf den Markt werfen oder uns immerzu um die Ohren twittern.

Das Wörtlein, das ich meine, heißt Nüchternheit. In den Briefen des Neuen Testaments kommt es erstaunlich häufig vor. Wieder und wieder wird den ersten christlichen Gemeinschaften eingeschärft: Seid nüchtern! Zunächst ist damit gemeint, dass sie sich von den Vergnügungen und Ausschweifungen ihrer heidnischen Umwelt fernhalten sollen. So heißt es im 1. Brief des Petrus: »Früher habt ihr wie die Heiden gelebt – zügellos, gierig, betrunken, verfressen –, aber jetzt ist das Ende aller Dinge nahegekommen. Also seid besonnen und nüchtern beim Gebet.«

Bemerkenswert ist hier nicht die moralische Verurteilung der nichtchristlichen Umwelt. Das ist ein beliebtes Klischee christlicher Predigten bis in unsere Tage. Überraschend ist ebenso wenig die Ermahnung an die Christen, hübsch ordentlich und sauber zu bleiben. Auch das ist ein altbekanntes Moralmotiv. Interessant ist jedoch die Verknüpfung der Nüchternheit mit der Erwartung des Weltendes und der Aufforderung zum Gebet.

Nun zeichnen sich die meisten apokalyptischen Bewegungen in der Religionsgeschichte vor allem dadurch aus, dass sie heißblütig, wild und aufgeputscht sind. Der Glaube daran, dass das Ende dieser Welt unmittelbar bevorsteht, ist eines der stärksten Rauschmittel, denen Menschen verfallen können. Dieser Glaube kann sie in einen Rausch versetzen, in dem sie nichts mehr klar sehen, kein sauberes Urteil fällen, nicht zwischen Gut und Böse zu unterscheiden wissen, »keine Rücksicht auf niemanden« mehr nehmen, verloren ins Unheil torkeln oder andere ins Verderben stoßen. Deshalb ist es so bemerkenswert, dass der Autor dieses Briefes seinen Lesern, die doch so intensiv den Untergang dieser Welt und die Wiederkunft Christi erwarteten, zuruft: Seid nüchtern! Seid nicht von euren eigenen apokalyptischen Ängsten und Hoffnungen besoffen! Behaltet mitten in der letzten und größten Umwälzung der Welt einen klaren Kopf! Dreht nicht durch, wenn ihr predigt, singt oder betet. Nein, bleibt gerade im Gebet besonnen und nüchtern!

Ähnliches schreibt Paulus im 1. Brief an die Gemeinde in Thessaloniki:

Ihr wisst, dass der letzte Tag, der Tag Gottes, kommt wie ein Dieb in der Nacht – plötzlich, auf leisen Sohlen, unerwartet, aus dem Dunkel. Wer sich da in Sicherheit wiegt und einlullen lässt, wer die Nacht zubringt mit Saufen und Dösen, der wird dem Unheil nicht entkommen. Aber ihr seid Kinder des Lichts und des Tages. Deshalb sollen wir nicht schlafen oder betrunken sein, sondern hellwach bleiben und nüchtern sein.

Diese Sätze geben einen erschreckenden Eindruck von der apokalyptischen Gefühlslage der ersten Christen. Das Grundempfinden ihres Glaubens war nicht einfach nur Vertrauen, Hoffnung oder Liebe. Mindestens ebenso bestimmend war für sie die nackte religiöse Angst: Gott kommt wie ein Dieb in der Nacht. Umso erstaunlicher ist die Haltung, die Paulus seinen Lesern ans Herz legt: Weicht der Angst nicht aus, indem ihr euch betäubt, in den Rausch oder den Schlaf flieht! Sondern geht der Zukunft bewusst entgegen, bleibt nüchtern, damit ihr bereit seid, wenn es so weit ist.

Und der Brief an die Epheser fügt hinzu:

Nutzt die Zeit, die uns bleibt. Diese Tage sind böse. Deshalb versucht zu verstehen, was der Wille Gottes ist. Dazu braucht ihr einen klaren Kopf. Also besauft euch nicht mit Wein. Daraus folgen nur Unordnung und Leid. Lasst euch lieber vom Geist erfüllen. Macht einander Mut, indem ihr zusammen Psalmen und Hymnen singt.

Wer die letzten Tage der Menschheit sinnvoll durchstehen will, soll nüchtern bleiben, damit er wahrnehmen und verstehen kann, worin Gottes Plan besteht. Betrunkene können dies nicht. Deshalb rät der Autor des Epheserbriefs von übermäßigem Alkoholgenuss ab. Stattdessen empfiehlt er ein vernünftiges Rauschmittel: den Geist. Die Ekstasen, die er schenkt, benebeln den Verstand nicht, sondern schärfen ihn. Zudem stiftet der Geist das beste Gegenmittel gegen Ängste aller Art: das gemeinsame Singen guter, schöner, dankbarer Lieder.

Was mich bei diesen und weiteren Aussagen im Neuen Testament über die Nüchternheit so angesprochen hat, ist nicht die erwartbare Ermahnung zu einem sittlich gefestigten Lebenswandel, zur Zurückhaltung bei allem, was rauschhaften Genuss schenkt. Das kennt man als bürgerlicher Protestant schon zur Genüge. Dafür muss man sich nicht die Mühe machen, in der Bibel zu lesen. Was mich hier aufmerken ließ, war eine Paradoxie. Die ersten Christen waren ja keine bürgerlich-gesitteten, staubtrockenen, norddeutschen Protestanten, sondern hocherregte Apokalyptiker. Mitten in den Bedrängungen, die sie durchleiden mussten, richteten sie all ihre Angst und Hoffnung auf den Tag, an dem Gott erscheinen, Jesus Christus wiederkommen, die alte Welt untergehen und etwas ganz Neues beginnen würde. Das muss eine rauschhafte, wüst-begeisternde Erwartung gewesen sein. Und trotzdem ermahnten die frühen Christen einander wieder und wieder, nüchtern zu bleiben. Gerade wenn die Welt untergeht, soll man nicht wie betrunken, sondern besonnen, also bei Sinnen sein. Der Sinn dieser paradoxen Tugend scheint mir darin zu liegen: Nur wer nüchtern ist, kann mitten im unheilvollen Chaos die Zeichen der Zeit erkennen und deuten, sinnvolle Entscheidungen treffen, mit ruhiger Hand das Notwendige tun und dabei den Blick für seine Mitmenschen bewahren.

Natürlich unterscheidet uns heute sehr viel von der Zeit und dem Glauben der ersten Christen, auch können wir ihre Lebenshaltung nicht einfach nachahmen. Doch auch wir haben unsere apokalyptischen Gefühle. So aufgeklärt und fortschrittsfreudig wir im 21. Jahrhundert auch sein mögen, die Angst vor dem endgültigen Untergang ist uns keineswegs fremd. Vielleicht gehört sie zum Menschsein dazu? Zu fast allen Zeiten hat man das Ende der Welt befürchtet. Seitdem in der Moderne die menschengemachten Zerstörungsgewalten ins Unermessliche gewachsen sind, sind Endzeit-Szenarien keine religiösen Fantasien mehr, sondern reale Möglichkeiten. Noch ist das Ende nicht gekommen, aber was heißt das schon?

Es ist seltsam: Wir genießen in Deutschland eine historisch einmalige Sicherheit, aber es fehlt uns an einer inneren Gewissheit. Wir fürchten uns nicht mehr vor dem Jüngsten Gericht, aber die Angst, dass alles bald zu Ende sein könnte, treibt uns dennoch um, und wir wissen nicht, wie wir mit ihr umgehen sollen. Da sind wir keineswegs klüger als die frühen Christen, im Gegenteil.

Nicht wenige Menschen an den rechten Rändern unserer Gesellschaft treiben apokalyptische Stimmungen in merkwürdige Rauschzustände. Sicherlich, das alte Deutschland – wenn es das je gegeben hat – wird sich erheblich verändern. Migration und demographischer Wandel gehören zu den Gründen. Doch anstatt diese Veränderungen und Entwicklungen sachlich zur Kenntnis zu nehmen, differenziert zu betrachten, kühl zu analysieren und dann pragmatisch nach Wegen für ein gutes Zusammenleben in der Zukunft zu suchen, schüren rechtsextreme Kräfte Wut und Empörung. Empörung aber wirkt auch nur wie eine Droge – nämlich die Droge, recht zu haben. Sie ist ein Rauschmittel, das nicht nur den Verstand vernebelt, sondern auch vergiftet.

Denn das ultimative Rechthaben wird dann genossen, wenn man einen Sündenbock gefunden hat, an dem man all seine Ängste gewaltsam abreagieren kann. Man muss nur gelegentlich eine der einschlägigen Digital-Kloaken aufsuchen, um zu sehen, wie Menschen dieser Droge namens »Weltuntergangsempörung« verfallen können und wie aggressiv sie dabei werden. Wie gut täte ihnen eine kräftige Portion frühchristlicher Nüchternheit. Sie würde ihnen zur Einsicht verhelfen, dass es Veränderungen gibt, an denen niemand einfach schuld ist, die man zum Teil hinnehmen muss, die man zum Teil aber auch durch eigenes, kluges Handeln mitgestalten kann. Feindseligkeit und Gewalt gegen einzelne Menschengruppen helfen dabei gar nichts, wohl aber eine überlegte, hartnäckige und geduldige Humanität.

Doch ich erlebe auch an mir selbst, wie gut mir mehr Nüchternheit täte. Denn apokalyptische Ängste überfallen mich regelmäßig. Eine tödliche Erhitzung der Erde scheint unausweichlich bevorzustehen. Wissenschaftler rechnen uns unerbittlich vor, in welcher Geschwindigkeit unser Lebensstil diese Erde zerstören wird. Wetterkatastrophen und massenhaftes Aussterben von Tier- und Pflanzenarten kündigen das Ende aller Tage jetzt schon an. Ich reagiere darauf weniger empört oder aggressiv als mit Resignation und Verdrängung. Das drohende Unheil wirkt so groß und zugleich so abstrakt, dass es mich lähmt. Denn was kann ich schon tun? Da lasse ich mich gern ablenken, durch Arbeit oder Vergnügungen, um nicht in meinen apokalyptischen Ängsten zu versinken. Urchristliche Nüchternheit könnte mich lehren, den Problemen ins Gesicht zu schauen, sie in Ruhe und mit wachem Verstand zu analysieren, mich mit anderen darüber auszutauschen, um dann gemeinsam politisch zu handeln. Nüchternheit hieße dabei auch, meinen Lebensstil zu verändern, ein neues Gefühl für ein gutes Maß zu gewinnen, auf Überflüssiges und Schädliches zu verzichten: Zum Beispiel viel weniger Flugreisen zu unternehmen, viel weniger Auto zu fahren oder viel weniger Fleisch zu essen. Früher hieß es, dass die Religion das Opium des Volkes sei. Heute ist der Konsum das populärste, mächtigste und gefährlichste Sedativum. Indem wir ihm frönen, zerstören wir, was wir genießen. Recht verstandene, lebensdienliche Religion dagegen könnte uns helfen, den Weg zu einer auch ökologisch notwendigen Nüchternheit zu finden.

Einen besonders treffenden Leitvers hierfür hat vor gut achtzig Jahren der italienische Kommunist Antonio Gramsci formuliert: »Man muss nüchterne, geduldige Menschen schaffen, die nicht verzweifeln angesichts der schlimmsten Schrecken und sich nicht an jeder Dummheit begeistern. Pessimismus des Verstandes, Optimismus des Willens.«

Das kann ich als christlicher Bibelleser gut nachsprechen, würde aber eine Geschichte aus dem Neuen Testament hinzufügen. Sie ist weitaus bekannter als die Ermahnungen zur Nüchternheit. Aber es lohnt sich, sie in deren Licht einmal neu zu hören:

Ein Mensch ging von Jerusalem hinunter nach Jericho und wurde überfallen. Die Räuber schlugen ihn zusammen und zogen ihn aus. Dann machten sie sich davon und ließen ihn halb tot liegen. Zufälligerweise ging ein Priester dieselbe Straße hinunter. Als er den Menschen am Boden liegen sah, ging er vorüber. Genauso verhielt sich wenig später ein Tempeldiener. Als er an die Stelle kam, wo der Mensch lag, und er ihn sah, ging er vorüber. Dann aber kam ein Samariter – die Samariter waren den Israeliten verhasst. Als er den Menschen am Boden liegen sah, rührte es ihn an. Er ging zu ihm, reinigte seine Wunden mit Öl und Wein, verband sie, hob ihn auf sein Lasttier, brachte ihn zu einer Herberge und pflegte ihn dort. Am nächsten Morgen gab er dem Wirt zwei Silbermünzen und sagte: »Pflege diesen Menschen. Wenn dieses Geld nicht ausreicht, werde ich dir mehr bezahlen, wenn ich das nächste Mal wiederkomme.«

Diese ganz unapokalyptische Geschichte ist das wohl berühmteste Lehrstück über Mitleid und Nächstenliebe. Zugleich aber ist sie – und das wird meist übersehen – eine großartige Lektion in Sachen Nüchternheit. Alles Gute beginnt mit dem Mitleid. Dies ist ein plötzlich gewecktes Gefühl. Es wird dort lebendig, wo ein Mensch einen anderen Menschen in seiner Not ansieht. Dieser Blick ist unverstellt: So kann er in einem Fremden, der blutig am Wegesrand liegt, seinen Mitmenschen erkennen und empfindet dessen Schmerz, als wäre es sein eigener. Dieses Mitleiden kommt ohne Begründung aus. Jede Herleitung aus einem vermeintlich höheren Grund würde ihm seine Spontaneität nehmen und es eingrenzen. Es soll doch ein Gefühl von höchster Lebendigkeit sein, das Grenzen überwindet. Der fremde Samariter ist so frei, unbekümmert um religiöse Unterscheidungen und nationale Zuordnungen, diesen armen Menschen schlicht als seinen Mitmenschen anzusehen. In diesem Blick liegt die ganze Menschlichkeit, zu der Menschen auch fähig sind.

Doch das Mitleid ist nur ein Gefühl. Es lebt in einem Moment auf und droht, im nächsten schon wieder zu erlöschen. Allzu schnell kann es von anderen Empfindungen, wie etwa der Angst, überwältigt werden. Deshalb darf man es nicht zur alleinigen Richtschnur eines längerfristigen Handelns machen. Darum ist die zweite Lehre aus dieser Geschichte so wichtig. Nur sehr kurz nämlich empfindet der Samariter das intensive Gefühl des Mitleids. Dann handelt er. Er rettet dem Überfallenen das Leben, sorgt für seine Genesung und sichert seine endgültige Wiederherstellung. All dies tut er ruhig und sachlich, fachmännisch, pragmatisch und vorausschauend – ohne jede größere emotionale Bewegung. Auch weiß er, wann er sein Engagement beenden muss. Er gibt dem Wirt die nötigen Anweisungen und Mittel, dann setzt er seine Reise fort und wartet nicht einmal ab, bis der Verletzte ihm seine unendliche Dankbarkeit ausdrückt.

In doppelter Hinsicht ist dieser Samariter auch heute noch ein Vorbild. In einer Zeit, in der Menschen sich von ihren Ängsten regieren und gegeneinander aufhetzen lassen, folgt er einem einfachen, menschlichen Gefühl – dem Mitleid. In einer Zeit, in der das Mitleid zu einer Sentimentalität ohne Maß und Mitte zu werden droht, zeigt der Samariter, dass es darum gehen muss, eine Balance aus inniger Nächstenliebe und kühlem Pragmatismus zu gewinnen. In unseren aufgewühlten Zeiten wäre einiges gewonnen, wenn möglichst viele Menschen sich an diesem ebenso barmherzigen wie nüchternen Samariter ein Beispiel nehmen würden.

3. Februar 2019

Die ersten »Nichtregierungsorganisationen«

Die Geschichte der evangelischen Mission und ihre Gegenwart

Es ist ein besonders schönes, aber oft unterschätztes Wort: »auch«. In den meisten der hocherregten Debatten der Gegenwart wird es viel zu selten gebraucht. Dabei kann es so sinnvoll sein, mehr »auch« zu sagen. Zum Glück bietet sich jetzt eine gute Gelegenheit, dies einzuüben. In Deutschland wird endlich über die koloniale Vergangenheit diskutiert. Da ist es notwendig, auch über die Mission zu sprechen. Lange hatte man sie entweder nicht beachtet oder mit wenigen Klischees abgetan: Christliche Missionare als willige Helfer des staatlichen Kolonialismus, als Seelenräuber und Kulturdiktatoren. Nun haben Klischees es an sich, immer auch einen Teil der Wahrheit vorzustellen, aber nie die ganze, vielschichtige und widersprüchliche Wirklichkeit. Deshalb sind sie stets ebenso richtig wie falsch – auch die Klischees über die Geschichte der evangelischen Mission im 18. und 19. Jahrhundert.

Manchmal stößt man auf Geschichten, die die Glätte des Klischees aufbrechen. Zum Beispiel diese über die Gründung der Basler Mission im Jahr 1815: Als ein entscheidendes Motiv nannte das Gründungskomitee die Wiedergutmachung für das von Europäern begangene Unrecht. Die Missionare, die man nach Westafrika aussenden wollte, sollten eine Entschädigung für das Leid der Sklaverei leisten. Die Mission sollte ein entscheidendes Instrument sein, um sie abzuschaffen. Der Gedanke dahinter lautete: Wenn man die Häuptlinge im Hinterland, die Menschen raubten und zum Verkauf an die Küste brachten, zum christlichen Glauben bekehrte, würden sie von der Sünde des Menschenhandels ablassen, den weißen Sklavenhändlern wäre der »Nachschub« genommen und so der Sklaverei ein gewaltfreies Ende bereitet. Darüber hinaus seien die Missionare, wie einer der Gründer der Basler Mission erklärte, »diesen mißhandelten Geschöpfen eine unerschöpfliche Geduld und ein Übermaß von wohlthuender Liebe schuldig, wenn auch nur einige der tausend blutenden Wunden geheilt werden sollen, welche ihrem Volke seit Jahrhunderten die schmutzigste Habsucht und die grausamste Arglist der Europäer geschlagen hat«. Das also war die evangelische Mission auch: Kampf gegen Sklaverei und Wiedergutmachung für europäische Gewalt.

Um dieses »auch« weiter auszuführen, sei hier eine These aufgestellt und ausprobiert, die gängige Klischees über die Mission aufbricht und einen anderen Blick auf ihre Geschichte und deren Folgen für die Gegenwart eröffnet. Diese These lautet: Die evangelische Mission versteht man nicht, wenn man sie nur als kirchliche Parallele zum staatlichen und wirtschaftlichen Kolonialismus betrachtet, sondern man muss sie auch als Vorgängerin der heutigen »Nichtregierungsorganisationen«, der NGOs, auffassen. Erst dann kann man sich ein differenziertes Urteil über ihre Stärken und Schwächen, ihre Leistung und Schuld bilden.

Die Missionsgesellschaften waren im 18. und 19. – ja, bis weit ins 20. Jahrhundert hinein – keine kirchlichen Einrichtungen. Sie waren, wenn man so will, »NCOs« – »Non-Church-Organisations« – oder in damaliger Terminologie »freie Werke«, also von keinem Kirchenamt initiierte oder reglementierte Vereine christlich engagierter Bürger, die sich dem Ziel verschrieben hatten, den Glauben in alle Welt zu tragen. Die Mission hätte nie eine so epochale Dynamik entfaltet, wenn sie in den Strukturen der institutionalisierten Kirchen gearbeitet hätte. Diese zeigte an einer Missionierung fremder Völker gar kein Interesse. Es waren kleine Gruppen nonkonformistischer Idealisten – wie die Herrnhuter oder die Pietisten unter August Hermann Francke –, die auf diesen verwegenen Gedanken kamen und mit einer Begeisterung und Opferbereitschaft in die Tat umsetzten, die in den Amtsstuben der Konsistorien eher selten anzutreffen war. Sie waren von einer intensiven Frömmigkeit angetrieben, formulierten selbstbewusst eine eigene Theologie und vertraten auch politisch fortschrittliche Positionen – nicht selten im Widerspruch zur offiziellen Kirche. Deshalb wählten sie ihr Personal auch nach anderen Kriterien aus als die Landeskirchen: Bei den Herrnhutern zum Beispiel musste man kein ordinierter Pastor sein, um Missionar zu werden, wenn nur das Herz für die Sache des Glaubens brannte und man den besonderen Belastungen dieses Dienstes gewachsen war.

Im Unterschied zu einer Pastoren- und Oberkirchenratskirche wollten die Missionsgesellschaften weniger amtlich, behördenmäßig und hierarchisch arbeiten, sondern in offenen Strukturen. Sie verstanden sich nicht als Institution, sondern als Bewegung, die sich in Netzwerken organisierte. Ihre soziale Basis bildeten Freundeskreise, Unterstützer-Szenen und Kirchengemeinden. Es war eine vitale, vielfältige Szene, die Erstaunliches zu Wege brachte, sich aber kaum koordinieren oder gar beherrschen ließ. Besonders innovativ waren die Missionsfreunde in der Kommunikation. Ins Gespräch zu kommen und im Gespräch zu bleiben, war für sie lebenswichtig. Dafür nutzten sie alte und erfanden neue literarische Formen: Briefe, Lesepredigten, Rundschreiben, Erbauungstraktate, Zeitschriften, Kinder- und Jugendbücher, Romane für Erwachsene. Hinzu kamen – damals ganz modern – Vortragsreisen mit Lichtbildern, lokale und regionale Zusammenkünfte, große Missionsfeste mit Zehntausenden von Besuchern. Die Missionsgesellschaften entfesselten eine eigene Medienrevolution. Mit ihren neuen Kommunikationsformen verbanden sich ein intensives Networking und ein erfinderisches Fundraising. So erfand zum Beispiel die Basler Mission die »Halbbatzen-Kollekte«: Von vielen Kleinspendern wurde wöchentlich ein überschaubarer Betrag eingesammelt, was aber im Ergebnis hohe Summen einbrachte – wie bei einem erfolgreichen Crowdfunding heute. Zugleich schuf man damit eine Graswurzelbewegung, eine Massensolidarisierung, denn all die Spender mussten regelmäßig angesprochen, informiert und zusammengerufen werden.

Die Arbeit der Missionsgesellschaften richtete sich ebenso nach außen wie nach innen. Es ging ihnen nicht allein darum, fremde Völker für den christlichen Glauben zu gewinnen, vielmehr sollte die Arbeit in der Ferne Rückwirkungen auf die Heimat entfalten: Die Bekehrungserfolge in der Ferne sollten die Frömmigkeit daheim fördern. Wie der Gründer der Gossner-Mission erklärte: »Wenn wir dafür sorgen, dass Heiden Christen werden, so dürfen wir nicht versäumen, auch darauf bedacht zu sein, dass Christen keine Heiden werden.« Mission wurde als ein Geschäft auf Gegenseitigkeit verstanden. Damit verbanden sich Ansätze zu einer »Mission der Akkommodation«. Darunter versteht man den Versuch, den zu Missionierenden kein kulturell fremdartiges Evangelium aufzustülpen, sondern die christliche Botschaft in ihre Kultur zu übersetzen und in ihnen zu verwurzeln. Die Voraussetzung dafür war, dass – wie zum Beispiel die Herrnhuter glaubten – die aufgesuchten Länder keineswegs gottlose Gebiete seien, weil Gott immer schon vor den Missionaren da war. Deshalb galt es, die Kulturen der einheimischen Völker kennenzulernen, sie anzuerkennen und sich davor zu hüten, deren Lebensweise nach europäischen Kriterien zu beurteilen.

Das wird nicht jedem leichtgefallen sein. Jedoch waren viele Missionare selbst Grenzgänger, exzentrische Gestalten, fromme Aussteiger. Sie brachen nicht zu kurzen Auslandseinsätzen, sondern zu einer Lebensreise auf, bei der sie nicht wissen konnten, ob sie ihre Heimat je wiedersehen würden. Man darf nicht vergessen, dass sie sich dabei in höchste Lebensgefahr begaben. Die ersten Missionare mussten ohne Tropenmedizin auskommen und starben – man kann es kaum anders sagen – wie die Fliegen. Aber ihr christlicher Enthusiasmus trieb sie hinaus, verbunden mit Abenteuerlust und oft genug mit dem Wunsch, der heimatlichen Enge zu entkommen. Die Missionare rekrutierten sich ja nicht aus den gehobenen Ständen, sondern stammten zumeist aus Bauern- und Handwerkerfamilien. Waren sie erst einmal in der Fremde angekommen, begannen viele, sich mit dieser neuen Heimat zu identifizieren. Sie lebten nun mitten in einer ganz anderen Kultur, erlernten mühsam eine fremdartige Sprache, begegneten bitterster Not, genossen Gastfreundschaft, wurden von einer unfassbar schönen Natur überwältigt – da wurde ihnen die deutsche Heimat oft genug zu einer fernen, immer ferneren Welt. Ansagen aus der Zentrale mussten ihnen zunehmend unwirklich erscheinen, viel wichtiger wurden ihnen die Menschen, mit denen sie jetzt zusammenlebten. Das Leben fern der Heimat machte aus ihnen hybride Existenzen, in denen sich Eigenes und Fremdes vermischten. Manche glichen sich den Sitten der Einheimischen konsequent an, kleideten sich wie chinesische Mandarine oder heiraten eine indigene Frau. Andere dagegen mögen in der Fremde »deutscher« geworden sein, als sie es zu Hause waren. Diesen Effekt gab es ebenfalls, aber auch er zeigt, dass Missionare kein ungebrochenes Verhältnis zu ihrer Herkunftskultur besaßen. Was ihnen Orientierung gab, war deshalb weniger eine kirchliche oder politische Agenda aus der unendlich weit entfernten Heimat, sondern der ideale Zweck ihrer Missionsgesellschaft sowie die Menschen, zu denen sie sich gerufen fühlten.

Selbstverständlich blieben der europäische Blick und das koloniale Paradigma für die meisten evangelischen Missionare bestimmend. Dies war der zeitgeistliche Rahmen ihres Denkens, Glaubens und Handelns, den die wenigsten von ihnen durchbrechen konnten. Doch sollte man auch bedenken, wie weit sie diesen Rahmen ausdehnten und manchmal durchlöcherten. Dazu muss man sich bewusst machen, welche Opfer sie brachten. Allein die Wegstrecken, die sie zurücklegten, um zu abgelegen lebenden Menschen zu gelangen, sind zum Staunen oder Erschrecken. Und dann erst die Lebensumstände, die sie bereitwillig ertrugen, um mit denen zu leben, für deren seelisches und auch körperliches Wohl sie sich verantwortlich fühlten! Diese pietistischen Missionare waren eben auch Märtyrer, die mit ihrer ganzen Existenz den Glauben bezeugten. Und wo sie Erfolg hatten, lag dies auch daran, dass sie zum einen praktische Lebenshilfe leisteten und zum anderen in der persönlichen Begegnung glaubwürdig wirkten. Denn eine Mission, die nur auf Zwang beruht, kann langfristig nichts bewirken. Sympathie, vertrauensvolles Zusammenleben, Freundschaft – allem hierarchischen Gefälle zum Trotz – muss auch eine Rolle gespielt haben.

In ihre Arbeit, auch das war damals ungewöhnlich, bezogen sie zum einen Frauen, vor allem ihre Ehefrauen, ein. Die evangelische Mission war also immer auch eine Frauensache. Zum anderen beteiligten sie Einheimische, zum Teil schon gegen Ende des 18. Jahrhunderts. Die Missionierten wurden so selbst zu Missionaren und Mitakteuren.

Natürlich ist es nicht leicht, vielleicht sogar unmöglich, heute eine Bilanz der evangelischen Mission zu ziehen. Wer es aber versucht, muss häufig »auch« sagen. Da ist einerseits die religiös-kulturelle Überwältigung. Andererseits brachten Schulen Erziehung und Bildung, förderten Krankenstationen Gesundheit und Heilung. Auch darf man nicht vergessen, dass einige Gräuel der Kolonialgeschichte von Missionaren bezeugt, dokumentiert und skandalisiert wurden. Sie lebten ja bei den Menschen, denen Gewalt angetan wurde, und sie verfügten über die publizistischen Mittel, davon in der Heimat zu berichten: Zeitschriften, Rundbriefe und Kontakte zu säkularen Medien. Hier zeigt sich übrigens ein erheblicher Unterschied zwischen den freien Missionswerken und den kirchlichen Außenämtern, die deutlich staatstreuer agierten. Aber offenkundig waren auch die Missionsgesellschaften vielfach in den staatlichen und wirtschaftlichen Kolonialismus verstrickt, manchmal aus ganz praktischen Gründen: Sie waren auf die Sicherheit angewiesen, die die »Schutztruppen« garantierten, sie nutzten die Infrastruktur, die die Kolonialverwaltungen organisierten, und sie brauchten Geld von Spendern daheim. So machten sie sich abhängig, wurden sie Teil des kolonialen Systems, ließen sie sich korrumpieren – bewusst oder unbewusst.

Zu einer Bilanz gehören auch die ungewollten, ungeplanten Nebeneffekte. Drei sind besonders wichtig. Erstens: Auch wenn die Missionswerke sich nicht als Kultureinrichtungen verstanden, initiierten sie doch einen vielfältigen Kulturtransfer, der nicht nur eine Richtung kannte. Sie brachten europäische Zivilisation in fremde Länder, importierten aber zugleich aus diesen kulturelle Entdeckungen nach Deutschland. Zweitens:

Die Menschen in Afrika und Asien blieben keine Glaubensempfänger, sondern entfalteten sehr bald eine staunenswerte Eigenständigkeit und Kreativität. Sie nahmen den neuen Glauben an, indem sie ihn verwandelten. Deshalb führte die evangelische Mission nicht zu einer Europäisierung der missionierten Weltgegenden, sondern zu einer Globalisierung und Pluralisierung des Christentums. Drittens: Diese religiöse Emanzipation zeitigte später auch politische Folgen. Wie Nelson Mandela einmal bemerkte, wäre der antikoloniale Kampf ohne die Missionsschulen nicht möglich gewesen. Auch wegen dieser ungeplanten Nebenwirkungen arbeiten die evangelischen Missionswerke schon seit vielen Jahrzehnten postkolonial. Gemeinsam mit ihren Partnern in Übersee entwickeln sie Hilfs- und Bildungsprojekte, politische Initiativen und theologische Dialoge, die hier wie dort eine Wirkung zeitigen sollen, so dass man am Ende nicht mehr sagen kann, wer hier wem geholfen, wer hier wen missioniert hat.

So ist die Geschichte der evangelischen Mission eine mit einem vielfachen »Auch«. Dieses kann man am besten durchbuchstabieren, wenn man die verblüffenden Parallelen zwischen den Missionsgesellschaften damals und den Nichtregierungsorganisationen heute betrachtet: die Anfänge in kleinsten Gruppen hochengagierter Idealisten, das Arbeiten unabhängig von oder sogar gegen etablierte Institutionen, die Organisation in eigenen Netzwerken, das Nonkonformistische, das kreative Fundraising, der Einsatz neuester Medien, das Engagement für Kulturtransfer, Entwicklungshilfe, Bildung, Gesundheit, Empowerment und Fair Trade. Aber auch: der extrem hohe idealistische Anspruch, die damit verbundene Übergriffigkeit, der Glaube, selbst stets auf der Seite des »Guten« zu stehen, die Moralpolitik, der Unwille, sich einbinden und koordinieren zu lassen, schließlich die bewusste oder unbewusste Komplizenschaft mit dem politisch-wirtschaftlichen System der Herkunftsgesellschaft. Ein Urteil über die evangelische Mission lässt sich nicht bilden, ohne die Stimmen der anderen zu hören. Die Betrachtung der evangelischen Missionsgeschichte wäre bloß ein deutsches Selbstgespräch, eine verklemmte Bußübung, wenn afrikanische oder asiatische Perspektiven nicht einbezogen würden. Für die Mission muss gelten, was bei postkolonialen Debatten inzwischen Standard ist: Es ist eine gemeinsame Geschichte, die gemeinsam betrachtet werden muss. Das kann zu scharfen Konfrontationen führen, wenn von den Gesprächspartnern aus Übersee unverstellte, schonungslose Kritik geübt wird. Es können sich aber auch überraschende Paradoxien ergeben, wenn die eher missionskritischen Deutschen erleben, wie wichtig einigen Gesprächspartnern »ihre« Missionsgeschichte ist, wie stolz sie auf diese sind, weil sie ein unverzichtbarer Teil ihrer religiösen und kulturellen Identität geworden ist. Das jedoch führt mitten hinein in hochdramatische Religionskonflikte unserer Gegenwart. Mitglieder ehemaliger Missionskirchen werden in einigen muslimischen, hinduistischen oder buddhistischen Mehrheitsgesellschaften gerade wegen ihrer Geschichte diskriminiert: Aufgrund ihres christlichen Glaubens gehörten sie nicht dazu, sondern seien im Grunde ebenso Fremde wie die Missionare, die diesen Glauben einst ins Land gebracht hatten. Hier wird Missionskritik zu einem Vorwand für die Ausgrenzung, Bedrohung und Verfolgung von Christen. Auch dieser Aspekt zeigt, dass die Beschäftigung mit der Missionsgeschichte mitten hinein in aktuelle Fragen führt. Umso wichtiger ist eine informierte und differenzierte Debatte über sie, eine Debatte des »Auch«.

1. September 2019

Ohne Hoffnung können wir nicht leben

Ostern feiern in verdunkelter Zeit

Einige Sonntage schon, nun auch Karfreitag, Osternacht und heute Morgen am Ostersonntag: Die Glocken läuten, man hört sie viel besser als sonst, aber die Kirchentüren bleiben geschlossen. Niemand darf hinein, kein Gottesdienst wird gefeiert. Dass das höchste Fest der Christen nur im Fernsehen, Internet und Radio begangen wird, dürfte auch unreligiöse Menschen verstören.

Ostern sollte doch ein Tag sein, an dem »der Himmel lacht« und »die Erde jubiliert« – wie es in einer berühmten Osterkantate von Johann Sebastian Bach heißt. Denn »der Schöpfer lebt, der Höchste triumphiert und ist von Todesbanden los«. »So feiern wir das hohe Fest«, wie Bach in einer anderen Osterkantate singen lässt, »mit Herzensfreud und Wonne, das uns der Herre scheinen lasst, er selber ist die Sonne.« Wie schön wäre es, diese Worte und ihre Musik heute in einem Gottesdienst zu hören. Aber Bachs Kantaten bleiben am heutigen Morgen ungesungen. Dieses Ostern ist verstörend und gibt Anlass zu grundsätzlichem Nachdenken.

Der Ostersonntag sollte ein strahlender Tag sein. Denn er erzählt von einer überwältigenden Wende: Christus war tot, doch jetzt erscheint er seinen Freundinnen und Jüngern. Diese sind ergriffen, zuerst von Furcht, dann aber von jubelndem Glaubensglück: »Der Himmel lacht! Die Erde jubiliert!« Normalerweise kann ich mich von dieser uralten Geschichte, diesen traditionsreichen Versen und Klängen berühren lassen. Auch wenn ich zugeben muss, dass ich ein später Christ bin. Das Jubilieren übersteigt meine Tonleitern. Denn ich habe Christus nicht geschaut. Mein Glauben ist nicht unmittelbar, darum besteht er mehr aus Nachdenken als aus Begeisterung. Er trägt starke Züge der Ungewissheit und des Zweifels in sich. Ich weiß ja um die Macht des Todes, die sich nicht einfach wegbesiegen lässt. Deshalb kam mir schon in den vergangenen Jahren das österliche Halleluja nicht so laut über die Lippen. Und jetzt, ohne Gottesdienst, isoliert zu Hause, angesichts all der epochal schlechten Nachrichten?

Aber will ich mir auch meinen Glauben von diesem Virus rauben lassen? Mein zugegeben später Glaube soll dieses bleiben: ein christlicher Glaube. Dann aber muss sich zeigen lassen, wie das Wesentliche in ihm wirksam ist. Dies sind nicht die Buchstaben der alten Geschichte, nicht die Noten der Bach'schen Kantaten. Das Wesentliche des christlichen Glaubens ist seit jeher und auch für mich das Vertrauen auf Gott und die Hoffnung, die sich auf seine lebendige Liebe gründet und die in ein Leben in Liebe mündet.

Das jedoch führt zu einem nächsten Problem: Das Hoffen fällt uns heute schwer. Das ist paradox – hätte ich noch vor wenigen Wochen gesagt und darauf hingewiesen, dass es den meisten Menschen in Deutschland im Vergleich zu allen anderen Weltgegenden und Menschheitsepochen ungeheuer gut geht, dass Friede, Recht und Wohlstand herrschen – nicht gleichermaßen für alle, aber doch für sehr viele. Ich hätte auch erwähnt, dass das Erreichte als hochgradig zerbrechlich erscheint, dass die politische Ordnung durch Polarisierungen erschüttert, die Sicherheit von neuartigen Gestalten des Terrors angegriffen, der Wohlstand von komplexen Umwälzungen gefährdet wird. Was soll man da von der Zukunft positiv erwarten? Wie soll es besser werden, wenn es nur schlechter werden kann? So hätte ich noch vor kurzem gefragt.

Aber jetzt ist alles ganz anders. Es ist sehr schlecht geworden. Was vor der Corona-Pandemie eine zukünftige Möglichkeit war, ist Wirklichkeit. Das gewohnte, unbeschwerte Leben hat ein Ende gefunden. Die Grenzen des Wachstums sind erreicht. Lauter und bedrängender wird die Frage, was aus unserem Land, Europa und der Welt werden soll. Wenig hilft da die Aussicht auf den nahenden Sommer. Im Gegenteil, sie rückt noch andere Bedrohungen ins Blickfeld. Dies sind ja neben den neuen gesundheitlichen Gefahren für den Menschen die Zeichen unserer Zeit: Erderhitzung, Verbrauch der Lebensgrundlagen, Vergiftung der Natur, Auslöschung anderer Geschöpfe. Das muss hier nicht ausgeführt werden. Es steht täglich in den Zeitungen oder ist im Radio zu hören. Allerdings sind diese Zeitzeichen so beängstigend und belastend, dass ich sie allzu oft ausblende. Ich muss mich regelrecht zwingen, mich über die vielgestaltigen aufziehenden, sich entfaltenden Katastrophen auf dem Laufenden zu halten. Denn Ansätze zur Hoffnung gibt es hier kaum, eher zur Panik oder Resignation.

Wer sich vor diesem düsteren Hintergrund mit der Bibel befasst, kann eine seltsame Erfahrung machen: Die strahlenden Verse und hoffnungsvollen Geschichten erscheinen einem, obwohl sie doch so schön sind, als fremd und fern – dafür kommen einem die apokalyptischen Texte unangenehm nahe. Darauf war man als evangelischer Wohlstandschrist in Deutschland nicht vorbereitet. In Gottesdiensten oder im Religionsunterricht wurden die Weltuntergangsverse des Alten und Neuen Testaments bislang kaum thematisiert, verschämt wurden sie in den Hintergrund gerückt. Denn sie schienen die christliche Andacht und Bildung eher zu stören als zu befördern. Doch inzwischen ist vielen deutlich geworden, dass wir selbst in Endzeiten leben, Weltuntergänge sich ankündigen oder schon vollziehen. Da liest man mit ganz neuer Aufmerksamkeit die Worte der Propheten, die vom Ende künden, von Zerstörung, Krieg, Flut, Seuche, Tod und Unheil. Scharfe, erschreckende Worte sind dies, die uns viel näher sind als noch vor wenigen Jahren. Sie verbinden sich wie von selbst mit aktuellen Nachrichten und wissenschaftlichen Szenarien über die nahe Zukunft. So sind die apokalyptischen Sprüche und Bücher der Bibel nichts mehr, was man souverän-gelangweilt der christlichen und jüdischen Religionsgeschichte überantworten sollte. Denn man kann sich verstörend leicht in diesen Worten wiederfinden – eher vielleicht als in der so viel erfreulicheren Ostergeschichte.

Man schlage nur einmal einen kaum bekannten Abschnitt aus dem Buch des Propheten Jeremia auf und prüfe, ob hier nicht Ängste in Worte gefasst sind, die einen auch heute erfassen können, wenn man am Ostertag auf den kommenden Sommer vorausblickt. Jeremia kündet darin von kommender Pest, Hungersnot und Krieg. Und er klagt darin über eine katastrophale Dürre:

Das Land liegt jämmerlich da. Die Städte verschmachten, sie sinken trauernd zu Boden. Wehklage steigt empor. Die Großen schicken ihre Diener nach Wasser. Wenn sie zum Brunnen kommen, finden sie kein Wasser, bringen ihre Gefäße leer zurück. Traurig und betrübt verhüllen sie ihre Häupter. Die Erde ist rissig, es regnet nicht. Auch die Ackerleute sind traurig und verhüllen ihre Häupter. Die Hirschkühe verlassen ihre Jungen, weil kein Gras wächst. Die Wildesel auf den kahlen Höhen schnappen nach Luft, ihre Augen erlöschen, weil nichts Grünes wächst.

Und jetzt, nur zum Vergleich, die Verse, die wie keine anderen deutsches Ostergefühl mit Frühlingsempfindungen verschmelzen. Der »Osterspaziergang« aus Goethes »Faust« beginnt bekanntlich so:

Vom Eise befreit sind Strom und Bäche
Durch des Frühlings holden, belebenden Blick,
Im Tale grünet Hoffnungsglück.

Vom welchem Eis müssen heute noch Flüsse befreit werden? Wie weit reicht die Belebung des Frühlings, bis in den Juni? Wo und wem grünt in diesem Sommer Hoffnungsglück? Weiter heißt es bei Goethe:

Aus dem hohlen finstern Tor
Dringt ein buntes Gewimmel hervor.
Jeder sonnt sich heute so gern.
Sie feiern die Auferstehung des Herrn,
Denn sie sind selber auferstanden…
Aus der Straßen quetschender Enge,
Aus der Kirchen ehrwürdiger Nacht
Sind sie alle ans Licht gebracht.

Wer mag das heute nachsprechen – in Quarantäne, unter Ausgangssperre, immer noch isoliert im sehr eng gewordenen Zuhause mit Blick auf die unfreiwillig leeren Straßen? Wer kann sich ohne düstere Nebengedanken an neuer Helligkeit und Wärme erfreuen?

Und doch, Panik oder Resignation sind keine guten Ratgeber. Der Mensch braucht Hoffnung, um zu leben und zu handeln, um sich und seine Gesellschaft zu verändern. Ohne Hoffnung können wir nicht leben. Aber auch deshalb ist es inspirierend, bei den alten Propheten nachzulesen. Denn sie haben nicht bloß das Ende verkündet, sondern zugleich nach einer neuen Hoffnung gesucht. Sogar ein so verdüsterter Geist wie Jeremia konnte und wollte nicht ohne Hoffnung sein. Von seinem Gott hat er sie erbeten – nein, er hat sie von Gott mit Nachdruck eingefordert:

Ach, Herr, hilf! Du bist der Trost. Aber warum stellst du dich, als wärst du ein Fremdling, ein Wanderer, der nur über Nacht bleibt? Warum bist du wie einer, der verzagt ist? Du bist doch unter uns, wir heißen nach deinem Namen. Verlass uns nicht!

Radikaler dürfte niemand um Hoffnung gekämpft haben. Jeremia will sie Gott abringen. Der Prophet hält seinem Gott vor, selbst ängstlich und resigniert zu sein, wie einer, der mutlos vor seinen eigenen Leuten flieht. Zugleich erwartet Jeremia mit unverschämter Zudringlichkeit, dass bei Gott ein neuer Anfang möglich und noch lange nicht alles aus ist. Seine Hoffnung ist unbedingt, richtet sich nicht auf diese oder jene Verbesserung, sondern fragt fundamental nach uns Menschen auf dieser Erde und vor Gott.

Doch was ist diese Hoffnung, ohne die Menschen damals und auch heute nicht leben können? Wo kommt sie her und was bewirkt sie? In einer der tiefsinnigsten – man könnte auch sagen: abgründigsten – Meditationen über die Hoffnung tastet sich der Apostel Paulus zur einer möglichen Antwort heran. Er geht aus vom Eindruck einer universalen Verzweiflung, die nicht nur die Menschen erfasst, sondern alle Lebewesen vereint:

Ängstlich warten alle Geschöpfe darauf, dass sie erlöst werden. Denn die Schöpfung ist der Vergänglichkeit unterworfen. Die ganze Schöpfung seufzt in diesem Augenblick, ist wie in Wehen und richtet sich aus auf die Hoffnung, um endlich frei zu werden von der Knechtschaft der Vergänglichkeit.

Die Kraft des Glaubens nun besteht für Paulus darin, der Allmacht des Todes die Hoffnung entgegenzustellen – ohne dass jedoch damit der Tod verschwinden würde:

Wir sind gerettet auf Hoffnung hin. Eine Hoffnung aber, die man sieht, ist keine Hoffnung. Denn wie kann man auf das hoffen, was man sieht? Wenn wir auf das hoffen, was wir nicht sehen, dann warten wir auf es in Geduld.

Das ist, Paulus gibt es zu, eine schwer auszuhaltende Spannung: Seufzen – hoffen – nicht sehen – warten. Aber er hat die Erfahrung gemacht, dass der Geist Gottes seiner Hoffnung, die keine tatsächlichen Gründe vorzuweisen hat, Stärke und Gewissheit vermittelt – allein durch das Empfinden seiner Nähe:

Ist Gott für uns, wer kann gegen uns sein? Gott ist hier, der gerecht macht. Christus Jesus ist hier, der gestorben und auferweckt ist. Wer will uns scheiden von der Liebe Christi? Trübsal oder Angst oder Verfolgung oder Hunger oder Blöße oder Gefahr oder Schwert? Ich bin gewiss, dass weder Tod noch Leben, weder Engel noch Mächte noch Gewalten, weder Gegenwärtiges noch Zukünftiges, weder Hohes noch Tiefes noch irgendeine andere Kreatur uns scheiden kann von der Liebe Gottes, die in Christus Jesus ist.

Vieles an der Hoffnungstheologie des Paulus mag heutigen Lesern dunkel und unverständlich erscheinen. Nachvollziehbarer und anziehender wird sie, wenn man liest, wie Paulus die Folgen beschreibt, die die christliche Hoffnung im alltäglichen Leben eines Menschen zeitigen soll. Dies ist sein Bild eines Lebens in Hoffnung, einer österlichen Existenz:

Seid fröhlich in der Hoffnung, geduldig in der Not und beharrlich im Gebet. Eure Liebe sei ohne Lüge. Hasst das Böse und folgt dem Guten. Seid nicht träge in dem, was ihr tun sollt. Nehmt euch der Nöte eurer Nächsten an. Übt Gastfreundschaft. Segnet, die euch verfolgen, und verflucht sie nicht. Freut euch mit den Fröhlichen, weint mit den Weinenden. Seid untereinander eines Sinnes. Strebt nicht nach allzu hohen Dingen, sondern achtet auch auf das, was unten ist. Haltet euch nicht selbst für klug. Vergeltet niemandem Böses mit Bösem. Wenn es möglich ist, dann haltet mit allen Menschen Frieden. Lasst euch nicht vom Bösen überwinden, sondern überwindet das Böse mit Gutem.

Was dies im Leben eines Menschen bedeuten könnte, zeigt auf ganz eigene Weise ein Brief, der heute auf den Tag vor 75 Jahren in extremer Einsamkeit geschrieben wurde. Ich halte ihn für einen der bedeutendsten und anrührendsten Briefe deutscher Sprache, aber er ist kaum bekannt. Geschrieben wurde er in einem Moment absoluter Finsternis und Isolation, dennoch ist er auf geheimnisvolle, menschlich-christliche Weise ein Hoffnungstext. Am 1. April 1945, dem letzten Ostersonntag des Zweiten Weltkriegs, saß Klaus Bonhoeffer in seiner Zelle im Lehrter Gefängnis in der Mitte Berlins und schrieb seinen drei kleinen Kindern einen Abschiedsbrief. Er wusste, dass er bald ermordet werden würde. Der 44-jährige Jurist und ältere Bruder von Dietrich Bonhoeffer war von Beginn an ein entschiedener Gegner der NS-Diktatur gewesen. Seine Opposition gründete in einem Sinn für Wahrhaftigkeit und Gerechtigkeit. Sie war von einem elementaren Rechtsbewusstsein geleitet. Was Klaus Bonhoeffer am Nationalsozialismus sofort abgestoßen hatte, war dessen Mangel an einfacher Anständigkeit. Seine Opposition hatte aber auch religiöse Wurzeln. Ebenso wie die Judenverfolgung hatte ihn die Kirchenpolitik des Regimes empört. Seine unermüdliche konspirative Arbeit hatte ihn seit Anfang 1944 in Verbindung zu den Verschwörern um Claus Schenk Graf von Stauffenberg gebracht. Nachdem dessen Attentat auf Hitler am 20. Juli 1944 fehlgeschlagen war, setzte eine Verfolgungswelle ein, die auch Klaus Bonhoeffer erfasste. Am 1. Oktober 1944 war er verhaftet worden. Ihm muss bewusst gewesen sein, dass das Verbrecherregime ihn diesen Krieg nicht überleben lassen würde. Und so geschah es denn auch: Ein halbes Jahr später, wenige Tage vor Kriegsende, am 23. April 1945, wurde Klaus Bonhoeffer zusammen mit anderen Widerstandskämpfern von einem Rollkommando der SS aus dem Gefängnis in der Lehrter Straße abgeholt und in einem nahe gelegenen Trümmergelände erschossen und anschließend in einem Bombenkrater auf dem Dorotheenstädtischen Friedhof beerdigt.

Doch 22 Tage zuvor, am Ostersonntag, hat er noch die Gelegenheit, seinen Kindern zu schreiben, um sich von ihnen zu verabschieden und ihnen das zu sagen, was für ihn das Wichtigste im Leben ist. Gegen seine eigene Verzweiflung stellt er dabei seinen Kindern das Schöne vor Augen, das Gute und Beglückende, was das Leben auch für sie bereithält:

Ich wünschte Euch, dass Ihr, solange Ihr jung seid, recht viel im Lande wandert und es in vollen Zügen und mit offenen Sinnen in Euch aufnehmt. Beim Wandern hat man noch die rechte Muße, sich der Landschaft und den Eindrücken von Menschen, Dörfern und den schönen alten Städten ganz zu überlassen.

Wenn dann beim Wandern und bei Liedern die Phantasie von unseren Tagen in vergangene Zeiten schweift, entsteht vor Euch versonnen, unergründlich das Bild vom schönen deutschen Lande, in dem sich unser eigenes Wesen findet. Dann wendet Euch nach Sü-

den. Im nie erfüllten, sehnsuchtsvollen Drange nach besonnter Klarheit liegt unsere Kraft und unser Schicksal.

Es ist ein längerer Brief, in dem Klaus Bonhoeffer seinen Kindern das gute Erbe eines – recht verstandenen – protestantischen Bürgertums vorstellt: der Familiensinn, die Liebe zu den Nächsten, der Wert der Bildung, die Verantwortung in Beruf und Gesellschaft. Schließen tut dieser Brief mit einem religiösen Ausblick, der Einsicht in die eigene Endlichkeit und dem Blick in die Ewigkeit. Aber diese Aussicht soll die Seele nicht verdüstern, sondern befreien von der engen Sorge um sich selbst. In diesem unbedingten Ernst soll die Hoffnung des christlichen Glaubens aufscheinen, die Klaus Bonhoeffer seinen Kindern auch mitgeben möchte:

Die Zeiten des Grauens, der Zerstörung und des Sterbens, in denen Ihr, liebe Kinder, aufwachst, führen den Menschen die Vergänglichkeit alles Irdischen vor Augen; denn alle Herrlichkeit des Menschen ist wie des Grases Blume. Unter diesem Erlebnis führen wir unser Leben im Bewusstsein seiner Vergänglichkeit. Hier beginnt aber alle Weisheit und Frömmigkeit, die sich vom Vergänglichen dem Ewigen zuwendet. Das ist der Segen dieser Zeit. Überlasst Euch nun nicht allein den frommen Stimmungen, die solche Erschütterungen hervorrufen oder die in der Hast und Verwirrung dieser Welt aus einem Gefühl der Leere ab und zu hervorbrechen, sondern vertieft und festigt sie. Bleibt nicht im Halbdunkel, sondern ringt nach Klarheit, ohne das Zarte zu verletzen und das Unnahbare zu entweihen. Dringt in die Bibel ein und ergreift selbst von dieser Welt Besitz, in der nur gilt, was Ihr erfahren und Euch selbst in letzter Ehrlichkeit erworben habt. Dann wird Euer Leben gesegnet und glücklich sein.

12. April 2020

Lieferbare Radius-Bücher. Eine Auswahl

Ursula Baltz-Otto (Hg.): Jeder Tag ein Gedicht. 366 Texte
Gerhard Begrich: Die Thora. Neu übersetzt und erläutert
(Die fünf Bücher Mose sind auch einzeln erhältlich)
Gerhard Begrich: Das Hohelied Salomos
Eine Dichtung von Sulamith. Neu übersetzt und erläutert
Peter Bichsel: Im Hafen von Bern im Frühling
Peter Bichsel: Möchten Sie Mozart gewesen sein?
DENKSKIZZEN. Zu den Predigttexten der sechs Perikopenreihen
Band 1 herausgegeben von Petra Bahr
Band 2 herausgegeben von Christoph Levin
Wolfgang Erk (Hg.): Neues Jahr – neues Glück!
Literarische Texte zum Geburtstag und zur Jahreswende
Wolfgang Erk (Hg.): Viele gute Wünsche. Literarische Annäherungen
Kristian Fechtner: Genau genommen. Zweiundzwanzig Predigten
Traugott Giesen: Rufbereitschaft. Texte zum Leben
Peter Härtling: 80 – Versuch einer Summe
Peter Härtling (Hg.): Ein Engel für jeden Tag. 366 Texte
Klaus-Peter Hertzsch: Chancen des Alters. Sieben Thesen
Klaus-Peter Hertzsch: Der ganze Fisch war voll Gesang. Balladen
Klaus-Peter Hertzsch: Sag meinen Kindern, dass sie weiterziehn
Erinnerungen
Walter Jens: Das A und das O. Die Offenbarung
Walter Jens: Der Römerbrief
Walter Jens: Die vier Evangelien
Eberhard Jüngel: Anfänger
Herkunft und Zukunft christlicher Existenz
Eberhard Jüngel: Außer sich. Theologische Texte
Eberhard Jüngel: Predigten 1–7 *(Bände auch einzeln erhältlich)*
Otto Kaiser: Das Buch Hiob. Übersetzt und eingeleitet
Otto Kaiser: Kohelet. Das Buch des Predigers Salomo
Otto Kaiser: Die Weisheit Salomos
Volker Leppin: Rechtfertigung und Gelassenheit. Predigten
Christoph Levin: Bin ich's? 20 Predigten
Christoph Levin: Premierenfieber. 20 Predigten
Christoph Levin: Das verlorene Paradies
und weitere sieben Vorträge zum Alten Testament
Gerd Lüdemann/Martina Janssen: Bibel der Häretiker
Die gnostischen Schriften aus Nag Hammadi
Henning Luther: Religion und Alltag
Bausteine zu einer Praktischen Theologie des Subjekts
Kurt Marti: Fromme Geschichten

Kurt Marti: geduld und revolte. die gedichte am rand
Kurt Marti: gott gerneklein. gedichte
Kurt Marti: Heilige Vergänglichkeit. Spätsätze
Kurt Marti: Die Psalmen. Annäherungen
Pierangelo Maset: Geistessterben. Eine Diagnose
Elisabeth Moltmann-Wendel: Gib die Dinge der Jugend mit Grazie auf. Texte zur Lebenskunst
Niklaus Peter: Maulwürfe und Sündenböcke Aufbrüche aus der Welt des Alltäglichen
Niklaus Peter: Schachfigur – oder Schachspieler. Denkmodelle und Spielzüge auf den Feldern des Lebens und der Religion
Ruth Rehmann: Flussaufwärts. Letzte Geschichten
Martin Scharpe (Hg.): Erdichtet und erzählt I und II Das Alte/Das Neue Testament in der Literatur
Martin Scharpe (Hg.): Das literarische Geburtstagsbuch
Asta Scheib (Hg.): Atem der Erde. Lyrik zu den vier Jahreszeiten
Friedrich Schorlemmer: Die schöne Kraft des Glockenseils Gespräche mit Hans-Dieter Schütt
Friedrich Schorlemmer: Wortmacht und Machtworte Eine Eloge auf die Leselust
Friedrich Schorlemmer (Hg.): Das soll Dir bleiben Texte für morgens und abends
Friedrich Schorlemmer (Hg.): Dezembernacht Gedichte und Geschichten zur Advents- und Weihnachtszeit
Fulbert Steffensky: Fragmente der Hoffnung
Fulbert Steffensky: Gewagter Glaube
Fulbert Steffensky: Heimathöhle Religion Ein Gastrecht für widersprüchliche Gedanken
Fulbert Steffensky: Mut zur Endlichkeit Sterben in einer Gesellschaft der Sieger
Fulbert Steffensky: Orte des Glaubens Die sieben Werke der Barmherzigkeit
Fulbert Steffensky: Schwarzbrot-Spiritualität
Fulbert Steffensky (Hg.): Ein seltsamer Freudenmonat 24 Adventsgedichte und 24 Adventsgeschichten
Peter Stosiek: Nachklänge. Geschichte und Geschichten
Peter Stosiek: Rücksichten. Geschichte und Geschichten
Peter Stosiek: Tollwut. Geschichte und Geschichten
Christa Wolf: Was nicht in den Tagebüchern steht. Verse